Lienhard Valentin

Die Kraft des Selbstmitgefühls

kailash

LIENHARD VALENTIN

DIE KRAFT *des Selbst-mitgefühls*

Wie wir unseren inneren Garten pflegen und zum Erblühen bringen können

kailash

INHALT

Vorwort

Wenn Sie dieses Buch in Händen halten, kennen Sie vermutlich das Gefühl oder zumindest die dunkle Ahnung, nicht zu genügen. Es scheint in unserer Kultur schon fast eine Art Volksseuche zu sein – oder ein böser Fluch, durch den uns Stimmen in den Kopf gezaubert wurden, die uns ständig Geschichten darüber erzählen, dass wir nicht gut genug sind, oder die uns stets antreiben und uns keine richtige Pause gönnen.

Da gibt es perfektionistische Stimmen, die extrem hohe, letztlich unerfüllbare Erwartungen an uns stellen, sei es an unser Aussehen oder unsere Leistungen, oder kritische Stimmen, denen wir es nicht recht machen können und die uns immerfort wissen lassen, dass wir so, wie wir sind, nicht liebenswert sind und keinerlei Wertschätzung verdienen. Und natürlich sollen wir uns gefälligst mehr anstrengen, mehr Sport treiben, mehr meditieren, gesünder essen und, und, und. Ganz egal, was wir tun – diese Stimmen geben selten Ruhe.

Besondere Macht haben sie über uns, weil sie meist im Verborgenen wirken. Sie sind uns schon so vertraut, dass wir sie gar nicht bewusst wahrnehmen, sondern ihnen automatisch Gehör schenken und die Geschichten glauben, die sie über uns erzählen. Besonders deutlich hören wir diese Stimmen, wenn uns ein Missgeschick passiert, uns etwas danebengegangen ist oder wir etwas getan oder nicht getan haben, was uns hinterher peinlich ist oder leidtut. Oder wir stehen unter enormem Stress und sind blockiert, wenn wir uns vor einer Gruppe äußern, eine kleine Ansprache halten oder eine Prüfung absolvieren müssen.

An dieser Stelle möchte ich Sie schon zu einem kleinen Gedankenexperiment einladen: Stellen Sie sich vor, Sie treffen eine gute Freundin oder einen guten Freund, und diese Person erzählt Ihnen zerknirscht von einem Missgeschick, das ihr passiert sei. Es kann sein, dass sie in einer Besprechung etwas vermeintlich Dummes gesagt hat, dass sie in einer Stresssituation einen geliebten Menschen angefahren hat, ihr ein Fehler an ihrem Arbeitsplatz unterlaufen oder etwas anderes Peinliches geschehen ist. Nun stellen Sie sich vor, was Sie zu dieser Person, die Ihnen am Herzen liegt, vielleicht sagen würden? Wie wäre Ihr Tonfall? Würden Sie sie eher trösten oder kritisieren? Wahrscheinlich Ersteres.

Es reicht, wenn Sie einen Eindruck davon bekommen, wie Sie auf diesen Menschen eingingen. Und dann stellen Sie sich vor, Ihnen selbst sei so etwas geschehen. Was würden Sie vermutlich zu sich selbst sagen? Wie wäre da Ihr Tonfall? Gibt es einen Unterschied, wie Sie auf eine nahe Freundin oder auf sich selbst eingehen?

Wenn ich diese Frage in einem Vortrag oder Seminar stelle, sind fast alle deutlich härter mit sich selbst. Das ist doch interessant! Warum

sind wir uns selbst gegenüber nicht ähnlich wohlwollend und mitfühlend wie gegenüber einer guten Freundin oder einem guten Freund? Und die vielleicht noch wichtigere Frage: Können wir daran etwas ändern und freundlicher werden mit uns selbst?

Die gute Nachricht lautet, dass dies durchaus möglich ist; und dieses Buch zeigt Ihnen Möglichkeiten auf, wie Sie sich selbst eine gute Freundin oder ein guter Freund werden können. Das geht nicht von heute auf morgen, vielmehr möchte ich Sie einladen auf eine Reise – eine Reise zu sich selbst – und dazu, Ihre einzigartigen menschlichen Qualitäten zum Erblühen zu bringen. Dabei bediene ich mich immer wieder der Metapher des inneren Gartens. Denn letztlich geht es um Wachstums- und Entfaltungsprozesse, und vor diesem Hintergrund kann uns die Natur in vielerlei Hinsicht die Augen öffnen. Wenn wir beginnen, uns auch für die ungeliebten Pflanzen zu interessieren, um sie dann mit der Zeit besser zu verstehen, können wir ihnen schließlich einen Platz in unserem Garten gewähren, und dann mögen sie uns vielleicht als schmackhafte Kräuter oder sogar als Heilpflanzen dienen.

Ganz ähnlich sieht es mit unserem »inneren Garten« aus. Wie wir manche Pflanzen als »Unkraut« bezeichnen und aus unserem Garten verbannen wollen, so würden wohl die meisten von uns zum Beispiel ihren inneren Kritiker, Antreiber oder Perfektionisten am liebsten aus ihrem inneren Garten vertreiben. In uns gibt es Aspekte unserer Persönlichkeit, die wir nicht mögen und am liebsten loswürden. Und auch hier gilt, dass diese Aspekte sich verwandeln und uns wertvolle Dienste leisten können, wenn sie ihren Platz gefunden haben. Die wichtigsten Werkzeuge für dieses Unterfangen sind die Praxis der Achtsamkeit, des Selbstmitgefühls und der Selbsterforschung. So werden Sie in diesem Buch verschiedene Reflexionen, Meditationen oder Achtsamkeitsübungen vorfinden, die diesen Prozess unterstützen und sich bei Tausenden Menschen bewährt haben. Darüber hinaus begleiten Sie auch zahlreiche Zitate durch dieses Buch, die Ihnen helfen, sich zu erinnern, und Ihnen Kraft und Inspiration schenken können.

Wie Sie dieses Buch *nutzen können*

Dieses Buch besteht aus drei Teilen. Im ersten (»Wie unser innerer Garten angelegt ist«) geht es darum, besser zu verstehen, wie wir geworden sind, wer wir sind. Es geht um unser grundlegendes Gutsein, wie es die Buddhisten nennen, unser einzigartiges wahres Selbst und wie es kommt, dass unser innerer Garten mehr oder weniger überwuchert, verdorrt oder zumindest aus dem Gleichgewicht gekommen ist.

Im zweiten Teil (»Den inneren Garten pflegen«) lernen Sie, ein inneres emotionales Klima herzustellen, das es Ihnen erlaubt, die verborgenen Blumen und Früchte Ihres inneren Gartens sich entfalten zu lassen. Jeder Mensch ist einzigartig, und so bleibt es auch jeder und jedem Einzelnen von uns überlassen herauszufinden, welche Zutaten unserem eigenen inneren Garten fehlen. Probieren Sie einfach aus, was Sie anspricht. Es gibt auf dieser Reise kein Sollen und Müssen – alles, was Sie brauchen, ist schon da. Schauen Sie, welche Praktiken, Zitate oder Bilder Sie ansprechen. In dem Maße, wie Sie sich selbst besser

kennenlernen, werden Sie auch immer schneller spüren, was Sie brauchen und was Ihnen guttut.

Im dritten Teil (»Eine Ökologie des inneren Gartens«) widmen Sie sich den schwierigen Bereichen Ihres inneren Gartens – den Aspekten Ihrer Persönlichkeit, die Ihnen immer wieder Probleme bereiten, den Emotionen, die Sie aus dem Gleichgewicht bringen, und den Ecken, die Sie eigentlich nicht mögen, die sich aber als besonders widerstandsfähig erweisen und sich einfach nicht aus Ihrem Garten verbannen lassen.

Darüber hinaus geht es darum, wie Sie die grundlegenden Bedürfnisse Ihres inneren Gartens immer besser verstehen, um den in ihm liegenden Kräften der Selbstregulation Raum zu geben.

Ob Sie das Buch von vorn nach hinten lesen oder immer mal wieder aufschlagen und einfach Ihrem eigenen Impuls folgen, bleibt ganz Ihnen überlassen. Sie brauchen eigentlich nur zwei Zutaten für diese Reise: Neugier und ein Minimum an Wohlwollen sich selbst gegenüber oder zumindest den Wunsch zu lernen, mitfühlender mit sich selbst zu sein. Dann wird sich Ihre ganz persönliche Reise Schritt für Schritt unter Ihren Füßen ergeben.

TEIL 1

Wie unser innerer Garten angelegt ist

Wenn ihr etwas Erfahrung habt,
wie das Unkraut in eurem Geist sich in
geistige Nahrung verwandelt, wird eure Praxis
bemerkenswerte Fortschritte machen.

Shunryu Suzuki

Grundlegendes *Gutsein*

Unsere westliche Kultur ist stark geprägt durch ein grundlegend negatives Menschenbild – was sich auf dramatische Weise destruktiv auf unser Selbstgefühl sowie unsere Beziehung zu uns selbst, zu anderen Menschen bis hin zur Natur auswirkt. Diese Prägung reicht historisch weit zurück und ist tief in unserem Bewusstsein verankert. So fällt es vielen Menschen im Westen schwer, ihre innere Würde überhaupt in Betracht zu ziehen. Meist glauben wir, uns unseren Wert ständig aufs Neue verdienen zu müssen, oder in einer geheimen Ecke unseres Geistes haben sich tiefsitzende Zweifel daran festgesetzt, dass wir überhaupt liebenswert sind.

Mit einer Begebenheit aus dem alten Thailand möchte ich Ihnen diese Situation anschaulich machen. Es gab dort eine riesige, eindrucksvolle Buddhastatue aus Ton, die bereits mehrere Jahrhunderte überdauert hatte. Doch irgendwann zeigten sich erste Risse, die sich langsam vergrößerten, sodass eine Restauration unausweichlich schien.

Eines Tages war ein Riss so groß geworden, dass einer der für die Statue zuständigen Mönche versuchte, mit einer Fackel im Inneren der Statue etwas zu erkennen. Staunend bemerkte er einen goldenen Glanz, und tatsächlich stellte sich heraus, dass unter der Tonschicht eine der größten und schönsten goldenen Buddhastatuen verborgen war, die je erschaffen wurden. Vermutlich war sie in kriegerischen Zeiten mit dieser Tonschicht umgeben worden, um sie vor Plünderern zu schützen.

Ähnlich wie die Menschen in Thailand nichts mehr von der goldenen Statue wussten, ist auch unsere wahre innere Natur überdeckt. Unsere Erziehung, die Art und Weise, wie wir gesehen wurden, hat uns geprägt und unseren Wesenskern – unser grundlegendes Gutsein – verhüllt. Wenn es uns nun gelingt, unsere wahre innere Natur zu ergründen und die negative Prägung, grundlegend ungenügend zu sein, hinter uns lassen, so ist dies eine wahre Revolution: nicht im Sinne eines gewaltsamen Umsturzes, sondern im Sinne einer inneren Befreiung von Fesseln, die den westlichen Menschen seit Jahrhunderten in Scham, Schuld und Angst gefangen halten.

Da die Sichtweisen, die vor allem zur Bildung und Verhärtung der »Tonschicht« verantwortlich sind, solch tiefgreifende Auswirkungen haben, sollen einige wichtige Einflussbereiche hier zumindest kurz beschrieben werden.

Zunächst einmal ist da die Interpretation der »Erbsünde« zu nennen, wie sie von der Kirche über lange Zeit vertreten wurde. Sie legt nahe, dass der Mensch grundsätzlich sündig und schlecht sei, und nur durch Selbsterniedrigung und durch die Absolution der Kirche selbst könne er zumindest hoffen, im Jenseits Vergebung zu finden. Wird diese Sichtweise des Menschen verinnerlicht, sind Scham, Schuld und

Angst tief in uns verankert, während unser strahlendes Wesen unter diesen Schichten verborgen bleibt.

Nicht viel lebensbejahender war die Sicht Sigmund Freuds, der die menschliche Natur letztlich ebenfalls als von Trieben gesteuert und »böse« angesehen hat. Auch seine Aussage, dass Säuglinge noch keine Gefühle wie Erwachsene hätten, bestärkte wohl die allgemeine irrige medizinische Auffassung, dass sie keine Schmerzen beziehungsweise kein Schmerzgedächtnis hätten. So wurden Operationen an Babys bis gegen Ende des 20. Jahrhunderts ohne Narkose ausgeführt, und auch ansonsten wurde es lange Zeit nicht für nötig befunden, besonders rücksichtsvoll mit ihnen umzugehen. Laut Freud würden sie erst zu Menschen, wenn sie ein Ich entwickelt hätten …

Dies macht deutlich, wie weit sich die westliche Psychologie zum damaligen Zeitpunkt nicht nur von der Natur des Menschen, sondern

auch von unserer natürlichen Menschlichkeit entfernt hatte. Vielleicht war dies die Folge davon, dass sich die Psychologen und Neurologen vor allem mit psychischen Störungen und Erkrankungen befasst haben, aber so gut wie gar nicht mit der Frage, was eigentlich die Bedingungen für psychologisches Wohlbefinden sind. Um beim Bild der Statue zu bleiben: Wir haben unserer Tonschicht, das heißt unserem Schutzpanzer aus Ängsten, Depressionen und unserer Verwirrung, so viel Aufmerksamkeit geschenkt, dass wir das Gold nicht mehr sehen, also vergessen haben, wer wir wirklich sind.

Darüber hinaus führt diese Verengung unserer Perspektive zu einem verzerrten Blick auf den Umgang mit Kindern. Wird die Natur des Menschen als grundlegend böse, sündig oder triebgesteuert angesehen, macht dies zwangsläufig eine entsprechende Erziehung erforderlich, die diese dunklen Triebe kontrolliert beziehungsweise bändigt und das Kind auf

solche Weise sozialisiert oder gar erst zum Menschen macht, wobei Strafen bis hin zu Schlägen nicht nur in Kauf genommen, sondern oftmals als notwendig erachtet werden, um die grundlegend gefährliche Natur des Menschen im Zaum zu halten. Dies führt aber nicht zu einer wirklichen Sozialisierung, sondern nur dazu, dass sich die »Tonschicht« verhärtet, während das wahre Wesen des Menschen nicht zur Entfaltung kommen kann.

Stellen Sie sich einen potenziell wunderschönen Rosenstock vor, der in einem von einer Dürreperiode betroffenen Garten wächst. Wenn niemand dies erkennt und sich um ihn kümmert, indem er ihn genügend wässert, wird er bestenfalls ein paar dornige Stängel entwickeln, aber seine prachtvollen, duftenden Blüten werden sich nicht entfalten. Und Menschen, die vielleicht nichts über Rosen wissen und was diese benötigen, werden sie für ein nutzloses und lästiges Gewächs halten, von dem man sich besser fernhält, wenn man sich an den Stacheln nicht verletzen will.

Ähnlich wie jeder Rosenstock ist das essenzielle Selbst eines jeden Menschen mit Qualitäten ausgestattet, die gleichzeitig universell menschlich und doch auch einzigartig sind. Maria Montessori hat dieser Tatsache auf radikale Weise Ausdruck verliehen, indem sie sagte, dass mit jedem Kind Christus neu geboren werde. Aber nicht nur bei ihr und anderen christlichen Vertreterinnen oder im Buddhismus finden wir diese Sicht auf den Menschen. Auch in der Psychotherapie mehren sich die Ansätze, die von einem solchen Wesenskern ausgehen und den Zugang zu diesem essenziellen Selbst ermöglichen wollen.

Das grundlegende Gutsein und – wie in der Parabel – der goldene Buddha sind also nicht nur ein schönes Bild, sondern eine erfahrbare

Realität. Die Praxis der Achtsamkeit und des Selbstmitgefühls sind Wege, uns von der Tonschicht zu befreien und uns mit unserem Wesenskern zu verbinden.

Bevor wir uns diesen Wegen zuwenden, möchte ich zuvor noch etwas mehr darauf eingehen, was unser essenzielles Selbst ist und wie es dazu kommt, dass es leider meist schon früh in unserem Leben verschüttet wird.

Wahres Selbst *und Persönlichkeit*

> *In Wirklichkeit trägt das Kind den Schlüssel zu seinem rätselhaften, individuellen Dasein von allem Anfang in sich. Es verfügt über einen inneren Bauplan der Seele und über vorbestimmte Richtlinien für seine Entwicklung. Das alles aber ist zunächst äußerst zart und empfindlich, und ein unzeitgemäßes Eingreifen des Erwachsenen mit seinem Willen und seinen übertriebenen Vorstellungen von der eigenen Machtvollkommenheit kann jenen Bauplan zerstören oder seine Verwirklichung in falsche Bahnen lenken.*
>
> Maria Montessori

In seinem Buch *Hellwach und bewusst leben* beschreibt der amerikanische Psychologe Charles T. Tart das Entstehen der, wie er es nennt, alltäglichen Trance. Jeder Mensch kommt mit einer ganz individuellen inneren Natur zur Welt – seinem ureigenen Wesen –, dem, was wir wirklich sind, unserer Essenz. Wir alle wurden als einzigartige Verbindung von physischen, biologischen, geistigen, emotionalen und spirituellen Eigenschaften und Potenzialen geboren. Die meisten dieser Eigenschaften sind bei der Geburt nur als Anlage vorhanden und werden sich nie manifestieren, es sei denn, unsere Umwelt oder wir selbst schaffen (später im Leben) die dafür nötigen Voraussetzungen.

Wie wir wissen, gestalten die Eltern, die Gesellschaft und der Kulturkreis die Entwicklung eines Kindes praktisch von seiner Geburt an. Bestimmte Anteile der Essenz werden unterstützt, andere vernachlässigt und wieder andere verleugnet und bestraft. Dieser Enkulturations-

prozess ist außerordentlich mächtig – vor allem deshalb, weil das physische und emotionale Wohl des Kindes auf dem Spiel stehen und weil jedes Kind einen angeborenen sozialen Instinkt hat, nämlich den Wunsch nach Zugehörigkeit: den Wunsch, angenommen und geliebt zu sein. Schließlich ist es für uns überlebenswichtig, dass sich andere um uns kümmern, nachdem wir geboren sind.

Das Liebesbedürfnis des Menschen ist sehr stark ausgeprägt, was ihn auch so anfällig für Konditionierung macht. Tart vergleicht die übliche Erziehung mit einem Hypnosesetting, das dazu dient, die Kinder möglichst rasch in die »alltägliche Trance« zu versetzen, in die auch wir versunken sind. Es ist einfach lästig, wenn wir von diesen lebendigen Wesen ständig in unserem Halbschlaf gestört werden. Nach Tart lebt der durchschnittliche »Normalbürger« nur einen sehr kleinen Teil seiner Essenz. Der Rest, also unsere sogenannte Persönlichkeit, sind Konditionierungen und Anpassungen an widrige Umstände – mit anderen Worten: die Folge einiger evolutionärer Prägungen sowie unserer Erziehung.

»Konditionierung« nennen wir hier die bewussten oder unbewussten Einflüsse von außen, die ein Kind zwingen, seine wahre Natur zu verleugnen, um nicht die Liebe und Zuwendung seines Umfelds zu verlieren. Also Erwartungen, Forderungen, Missachtung, Lob und Tadel – letztlich jegliche Art von Erziehung, die ein Kind nach bestimmten Vorstellungen prägt.

Stellen Sie sich ein Mädchen mit einem »wilderen« Wesen vor, das vor etwa hundert Jahren geboren wurde. Zu dieser Zeit hatten Mädchen grundsätzlich brav, sauber und leise zu sein. Ein solches Kind musste den größten Teil seines Naturells verleugnen oder unterdrücken, und die Wahrscheinlichkeit, dass es Depressionen oder andere psychische Störungen entwickelte, war sehr groß – ein glückliches und erfülltes Leben so gut wie unmöglich, da es, auch wenn es erwachsen wurde, als Frau kaum die Möglichkeit hatte, sich auf die Suche nach ihrem wahren Selbst zu begeben.

Oder stellen Sie sich einen zarten, sensiblen, kreativ veranlagten Jungen in einer martialischen Kultur vor. Er dürfte kaum eine Chance haben, seine essenziellen Qualitäten entfalten zu können. Und vermutlich wird ihn sein Leben lang das Gefühl begleiten, dass er ungenügend und kein richtiger Mann ist. Oder anders herum: Wenn es wildere Jungen oder Mädchen heute schwer haben, in der Schule still zu sitzen, wird schnell ADHS diagnostiziert, obwohl sie in Wahrheit vielleicht einfach in eine Situation gezwungen wurden, die ihrer Natur widerspricht. Die Vorstellung eines Bildungssystems, das die Individualität der Kinder stärker berücksichtigt, findet sich in den öffentlichen

Lehrplänen hierzulande so gut wie gar nicht. Der Wunsch nach Kontrolle und der daraus resultierende Anpassungsdruck sind offensichtlich sehr mächtig, und so werden Kinder meist vor allem danach beurteilt, wie gut sie im bestehenden System funktionieren.

Das Selbstgefühl oder Selbstbild, das wir entwickelt haben, ist stark geprägt von der Art und Weise, wie wir als Kinder von den wichtigsten erwachsenen Bezugspersonen gesehen wurden. Und da die wenigsten von uns das Glück hatten, bedingungslos geliebt worden zu sein, mussten auch wir Aspekte unseres wahren Wesens verleugnen oder in die innere Verbannung schicken.

Auch ich persönlich kann ein Lied davon singen. Natürlich weiß ich, dass meine Eltern mich geliebt haben – aber diese Liebe war, spätestens als ich ins Gymnasium kam, stark an Bedingungen geknüpft. Meine Mutter (in Graz geboren und aufgewachsen) hätte es am liebsten gehabt, dass ich immer fein angezogen und zum Handkuss sowie zum »Diener« erzogen worden wäre, und in ihrer Vorstellung sollte ich möglichst Dirigent werden (mit sechs Jahren hatte ich an der Musikschule einen Kinderchor dirigiert). Mein Vater hatte immer wieder Wutanfälle (bedingt durch eine posttraumatische Belastungsstörung aus zwei Weltkriegen, wie ich heute weiß) und war gleichzeitig ein Befürworter der antiautoritären Erziehung. Eine brisante und mitunter verstörende Kombination. Als ich dann ins Gymnasium kam, wurde von beiden Eltern immer wieder betont, dass ich doch sehr viel besser sein könnte, wenn ich doch nur wollte und mehr täte.

Auf all dies reagierte ich mit Widerstand. Die Schule empfand ich zum allergrößten Teil als sterbenslangweilig (und war von daher auch stinkfaul), und mein Lebensgefühl ähnelte vielleicht am ehesten dem

eines Geheimagenten im Feindesland, der abgeschnitten ist von der Heimatbasis. Dies hatte ein Gefühl ständiger Bedrohung zur Folge, und der einzig mögliche Ausweg war, mich weitestgehend unsichtbar zu machen und zu hoffen, dass ich das Gymnasium irgendwie halbwegs unbeschadet hinter mich bringe. Mich dem Druck zu beugen und den Vorstellungen meiner Eltern gemäß zu funktionieren kam für mich nicht infrage. Den Kontakt zu mir selbst habe ich dabei trotzdem komplett verloren – als ich das Abitur schließlich doch noch schaffte, hatte ich keine Ahnung, wer ich war, was mich wirklich interessierte oder was mich gar hätte begeistern können und was ich mit meinem Leben anfangen wollte.

Das Abtragen der Tonschicht hält bis heute an, und immer noch erwische ich mich dabei, unangenehme Dinge einfach hinter mich bringen zu wollen – Augen zu, Zähne zusammenbeißen und durch. Die Folge ist eine gewisse innere Getriebenheit, und nur wenn ich mir dessen bewusst werde und es anerkenne, kann ich einen Schritt weiter gehen und herausfinden, was ich brauche, um wieder mit mir in Einklang zu kommen.

Eure Kinder sind nicht eure Kinder.
Sie sind die Söhne und Töchter
der Sehnsucht des Lebens nach sich selbst.
Sie kommen durch euch, aber nicht von euch.
Und wenngleich sie bei euch sind, gehören sie euch doch nicht.
Ihr dürft ihnen eure Liebe geben, aber nicht eure Gedanken,
denn sie haben ihre eigenen.

Khalil Gibran

Auch wenn meine Eltern das Beste für mich wollten, konnten sie nicht sehen, was ich gebraucht hätte, damit ich im Einklang mit mir selbst aufwachsen und mich entfalten konnte. Mein innerer Garten wurde überwuchert, und mein wahres Wesen blieb tief im Boden verborgen, bis es Anfang zwanzig durch die Lektüre von *Siddhartha* von Hermann Hesse und *Haben oder Sein* von Erich Fromm sozusagen die erste Nahrung bekam, die es brauchte, um sich langsam zu entfalten. Unter der Tonschicht begann sich etwas zu regen, und es begann eine Reise aus der dunklen Verbannung ins Licht der Welt. Mir wurde klar, dass mein innerer Garten der Pflege bedurfte, und ich hatte großes Glück, auf wunderbare Lehrerinnen und Lehrer zu treffen, die diesen Prozess begleiteten und unterstützten. So führte mich meine Suche schließlich zu längeren Schweige-Retreats in der buddhistischen Vipassana-(Einsichts-)Meditation – zunächst bei traditionellen burmesischen Lehrern, dann zu Jack Kornfield sowie anderen westlichen Meditationslehrerinnen und -lehrern und damit auch zur sogenannten Praxis der Achtsamkeit und des Selbstmitgefühls, die zu wichtigen inneren Nahrungsquellen in meinem Leben wurden.

Ich werde noch ausführlicher darauf eingehen, was es mit dieser Praxis auf sich hat, an dieser Stelle nur so viel: Achtsames Gewahrsein kann als ein empfänglicher Seinsmodus bezeichnet werden, der gekennzeichnet ist durch innere Weite, Offenheit und eine warmherzige Präsenz. Diese können wir nicht »machen«, kontrollieren oder besitzen – wir können jedoch lernen, welche innere Haltung, welche Bedingungen es wahrscheinlicher machen, dass wir in diesen Modus eintreten, und was dies eher verhindert. Die äußeren Umstände spielen dabei natürlich eine nicht unwesentliche Rolle, aber letztlich ist vor allem entscheidend, wie wir auf diese Umstände reagieren. Es braucht einen inneren Raum, der frei ist von Sorgen, Ansprüchen, Ehrgeiz, Stress und anderen Aspekten unserer Psyche, die verhindern, dass sich dieses offene Gewahrsein einstellen kann. Wirkungsvolle Wege, einen solchen inneren Raum zu schaffen, werden Sie in diesem Buch kennenlernen.

Kehren wir zurück zu dem Phänomen, dass wir mit einem einzigartigen Wesen auf diese Welt kommen, uns dann aber, um zu überleben, an die Kultur anpassen müssen, in die wir geboren wurden.

Die Anpassung an eine Umgebung, die uns nicht wirklich sieht, ist auch immer mit innerem Schmerz verbunden. Einem Schmerz, der sich aber nie richtig festmachen lässt, da wir nicht genau wissen, was uns fehlt. Immer wenn wir einen Aspekt unseres essenziellen Selbst verleugnen müssen, wird Energie von der Essenz abgezogen und stattdessen der Entwicklung der sogenannten Persönlichkeit zugeführt. Die Persönlichkeit ist also tatsächlich, wie im ursprünglichen griechischen Sinne, eine Maske, die im Laufe der Zeit immer komplexere Züge annimmt (griechisch *prósopon* beziehungsweise lateinisch *persona* für »Gesicht, [Schauspieler]maske«). Diese Maske halten wir dann für uns selbst und verteidigen sie gegen alles, was sie infrage stellt.

Der Prozess kann unser Leben zerstören, denn die Essenz ist unser lebenswichtiger Teil, der wahrhaft lebendige Funke. Da die Persönlichkeit schließlich fast die gesamte Lebensenergie verbraucht, ist dieser Funke kaum noch spürbar, und das Leben wird zu einem mechanischen, automatisierten System von Gewohnheiten, das uns mehr oder weniger leblos im Strom der übrigen leblosen, automatisierten Opfer weiterspült. Der spirituelle Lehrer Georges I. Gurdjieff drückte das ziemlich drastisch aus, als er sagte, dass viele Menschen, die man auf der Straße sieht, in Wahrheit innerlich so gut wie tot sind. Bei ihnen wurde der Essenz so viel Energie entzogen und die Persönlichkeit so mechanisiert und automatisiert, dass nicht mehr viel echte Hoffnung auf Veränderung besteht.

Was mich in diesem Zusammenhang immer wieder tief berührt hat, ist die Sufi-Geschichte, in der das Ei eines Adlers in den Hühnerstall des alten und sehr kurzsichtigen Mullah Nasrudin gerät. Es wird von einem Huhn ausgebrütet, und so wächst das Adlerjunge mit den Hühnern auf, pickt Körner und lebt wie die anderen Hühner vor sich hin. Nur wenn ein Adler über dem Hühnergehege kreist, rennt er nicht davon wie die anderen Hühner, sondern wird erfasst von einer unerklärlichen tiefen Sehnsucht.

Und dann gibt es zwei verschiedene Fortsetzungen dieser Geschichte – in einer stirbt der Adler schließlich unglücklich, und in der anderen fasst er eines Tages den notwendigen Mut, breitet die Flügel aus und fliegt davon, um ein Leben als Adler zu führen.

Wie in der Geschichte des Adlers geht unser wahres Wesen, unsere Essenz, nie ganz verloren. Es bleibt eine tiefe Sehnsucht oder zumindest ein unbestimmtes Gefühl, dass irgendetwas in unserem Leben fehlt, egal wie erfolgreich wir sind oder welche Vergnügungen wir uns leisten können. Wie ein Samenkorn in der Wüste wartet unsere Essenz auf Bedingungen, dass sie sich zeigen und aufblühen kann. Das ist nicht immer leicht, denn häufig treten sehr empfindsame und mit altem Schmerz verbundene Aspekte unseres Selbst in den Vordergrund, und wir sind dann sehr dünnhäutig und verletzlich. An dieser Stelle ist das achtsame Selbstmitgefühl (MSC, Mindful Self-Compassion) von unschätzbarem Wert – es kann uns helfen, den Mut und die innere Kraft aufzubringen, diese Anteile und uns selbst in einem warmherzigen Gewahrsein zu halten, sodass sie sich in ihrer Zeit zeigen und integriert werden können.

Was diesen Prozess leiten kann, ist eine weitere Instanz unseres wahren Selbst, die im empfänglichen Modus zugänglich wird – eine Instanz, die »unser innerer Kompass« genannt werden kann. Wir alle haben einen solchen Kompass – ein tiefes Gefühl der Stimmigkeit, wenn wir mit uns und zunehmend mit unserer Essenz im Einklang sind.

Dieser Kompass ist eng verbunden mit der tiefen Sehnsucht nach unserem essenziellen Sein, das im Gegensatz zu unserer Persönlichkeit auch offen und verbunden ist mit der Transzendenz und der spirituellen Dimension. Und er ist es auch, der uns die notwendige Orientierung in unserem alltäglichen Leben geben kann. Zugegeben – er ist wie eine leise Stimme, aber immer zugänglich, und er weist uns darauf hin, ob wir und unser Leben im Einklang sind mit unserer Essenz.

Dieser innere Kompass kann durch keinen noch so versierten spirituellen Lehrer ersetzt werden, im besten Fall kann er uns dabei unterstützen und begleiten, Zugang zu diesem inneren Kompass zu bekommen, und uns zur Seite stehen, wenn wir uns auf die Reise in unsere Innenwelt begeben.

Den Zugang zu diesem inneren Kompass und unserem essenziellen Sein zu finden ist für mich persönlich der wichtigste Grund, Achtsamkeit zu praktizieren, denn sie schafft die Basis, um in den empfänglichen Modus einzutreten, der den inneren Raum schafft, dass sich auch die Aspekte unserer Essenz zeigen und entfalten können, die früh in unserem Leben in die Verbannung geschickt worden sind. So öffnet sich der Weg zu einem Leben im Einklang mit den tiefsten Aspekten unserer Essenz – was für ein Abenteuer!

Bedingungen *für das Erblühen unseres* wahren Selbst

Denn das ist eben die Eigenschaft der wahren Aufmerksamkeit, dass sie im Augenblick das Nichts zu allem macht.

Johann Wolfgang von Goethe

Im Jahr 2010 hatten wir zu einem vom Arbor Verlag organisierten Seminar das erste Mal Dr. Daniel J. (»Dan«) Siegel als Referenten eingeladen. Siegel ist Begründer der Interpersonellen Neurobiologie, ursprünglich war er in der Bindungsforschung und als Familientherapeut tätig und befasste sich ab 2008 intensiv mit der Praxis der Achtsamkeit. Bei der Vorbereitung auf eine große psychotherapeutische Konferenz, bei

der er gemeinsam mit Jon Kabat-Zinn auf dem Podium war (dem Begründer der Stressbewältigung durch Achtsamkeit oder achtsamkeitsbasierten Stressreduktion [MBSR, Mindfulness Based Stress Reduction]), setzte er sich mit der Forschung zu dieser Praxis auseinander und stellte etwas sehr Erstaunliches fest: Die positiven Veränderungen im Gehirn von Teilnehmenden eines solchen achtwöchigen Programms (achtmal zweieinhalb Stunden die Woche und ein Achtsamkeitstag) fanden genau in den Gehirnbereichen statt, die sich bei Kindern natürlicherweise gut entwickeln, wenn sie in den ersten Lebensjahren in den Genuss einer sicheren Bindung gekommen waren.

Die Frage, wie dies möglich war, ließ ihn von nun an nicht los, und schließlich besuchte er selbst einen zehntägigen Schweige-Retreat in der Vipassana-Tradition. Als Mensch, der sich ständig auf andere Menschen einstimmt, fiel es ihm nicht leicht, sich auf das Schweigen einzulassen, aber schließlich entschied er sich, sich der einzigen Person zuzuwenden, die noch verfügbar war – sich selbst. Er beschreibt diese

Erfahrung so, dass er förmlich spüren konnte, wie sich die sozialen Schaltkreise seines Gehirns mehr und mehr auf ihn einstimmten. Er fühlte sich von sich selbst gesehen und gefühlt – die Grundvoraussetzung für eine sichere Bindung.

So lag die Schlussfolgerung nahe, dass wir, selbst wenn wir nicht das Glück einer sicheren Bindung in unserer Kindheit hatten, daran auch im Erwachsenenalter noch etwas ändern können, und dies bis in unsere Biologie hinein – in die Struktur unseres Gehirns. Der Hypnotherapeut Milton Erickson zum Beispiel sagte denn auch, es sei »nie zu spät, um eine glückliche Kindheit gehabt zu haben«.

Ganz so einfach, wie dies in manchen Ohren klingen mag, wird es natürlich nicht sein. Wenn wir Traumata oder Missbrauch erlitten haben, hat sich unser wahres Selbst tief in den Boden unseres inneren Gartens zurückgezogen, und es ist überwuchert von allen möglichen anderen Persönlichkeitsanteilen, die es teilweise vor weiteren Verletzungen schützen möchten. Es braucht von daher Geduld, das Wasser des achtsamen Selbstmitgefühls und die Sonne bedingungsloser Warmherzigkeit, damit unser wahres Selbst Vertrauen gewinnen und beginnen kann, sich zu entfalten und schließlich aufzublühen. Indem wir Qualitäten wie Wohlwollen und Freundlichkeit uns selbst gegenüber kultivieren, bereiten wir den Boden vor für inneres Wachstum und die Kraft der Selbstorganisation unseres Geistes. Unser wahres Selbst kann nie ganz verloren gehen, aber ungünstige Bedingungen oder traumatische Erfahrungen in unserer Kindheit können dazu führen, dass wir die Verbindung zu unserem wahren Selbst, zu unserer Essenz, verlieren. Dies hat dramatische Folgen, die der Dichter William Wordsworth in seiner Ode *Ahnungen der Unsterblichkeit* eindrücklich beschreibt:

Vorzeiten erschienen mir Wiese, Strom und Hain,
die Erde, jede Alltagssicht
umhüllt zu sein
von paradiesisch reinem Licht
und eines Traums verklärend frischem Schein.

Doch heut' ist dieses Wunder lang schon her,
wohin ich mich auch wenden mag,
Nacht oder Tag:
Das Licht, das ich einst sah,
das seh' ich heute nimmermehr.

Das klingt nicht sehr ermutigend; und wenn wir die Lebendigkeit, Lebensfreude und Offenheit von kleinen Kindern sehen, können wir ahnen, was im Laufe unseres Heranwachsens verloren gegangen zu sein scheint. Wird uns bewusst, wie automatisch und in einer Art Halbschlaf wir durch unseren Alltag gehen, wird uns das nur allzu deutlich werden. Diese Erkenntnis kann deprimierend sein, aber ebenso gut einen Prozess inneren Wachstums anstoßen. Wir können uns ja auch als Erwachsene noch auf den Weg machen, den goldenen Buddha in unserem Inneren zu entdecken, seine Qualitäten zu kultivieren und auf diese Weise unser wahres Selbst aufblühen zu lassen.

Dabei möchte ich nicht den Eindruck erwecken, dass wir diese Reise allein antreten könnten oder sollten. In der Psychotherapie heißt es, Bindungsstörungen, die durch eine ungeeignete Eltern-Kind-Beziehung entstanden sind, können vor allem durch spätere gesunde Beziehungen geheilt werden. So sind Beziehungen, in denen wir uns so angenommen fühlen können, wie wir sind, vermutlich unverzichtbar. Was Dan Siegel durch seine Erkenntnisse deutlich macht, ist, dass wir als Erwachsene auch eine Beziehung zu uns selbst haben und, indem wir diese verändern, sehr viel dazu beitragen können, zu heilen und mehr und mehr Zugang zu unserem wahren Selbst zu finden.

Das alte Gehirn und *die Funktionen der höheren* Gehirnstrukturen

Kurz nachdem ich im Jahr 1986 den Verein »Mit Kindern wachsen« initiiert hatte, stieß ich auf die Bücher von Arthur Koestler. Zu Beginn seiner Tätigkeit als Schriftsteller war er ein überzeugter sozialistischer Journalist und wurde in Spanien unter dem Franco-Regime in eine Todeszelle gesperrt, wo er über Monate hin täglich mit seiner Hinrichtung rechnen musste.

Schließlich bereiste er die Sowjetunion, die er bis dahin als eine Art Paradies betrachtet hatte, und war so geschockt von den realen Verhältnissen in der ehemaligen UdSSR, dass er in einem Buch mit dem Titel *Sonnenfinsternis* seine eigene Desillusionierung verarbeitete und öffentlich machte, was er dort erlebt und gesehen hatte. Anschließend zog er sich aus dem aktiven Journalismus zurück und begann noch einmal zu studieren: Psychologie und Gehirnforschung. Die Frage, die ihn antrieb, war: Wie kommt es, dass sich Menschen im Namen hoher Ideale so grausam verhalten können? Gibt es eine biologische oder psychologische Erklärung für diese Tatsache? Der Sozialismus war ja keine Ausnahme. Auch im Namen von Religionen, im Namen von Freiheit oder Sicherheit wurden und werden höchst unmenschliche und barbarische Dinge getan. Die Frage, wie es dazu immer wieder kommen konnte, brannte in ihm und ließ ihn nicht mehr los. Könnte es sogar sein, dass es dafür eine biologische Ursache gibt?

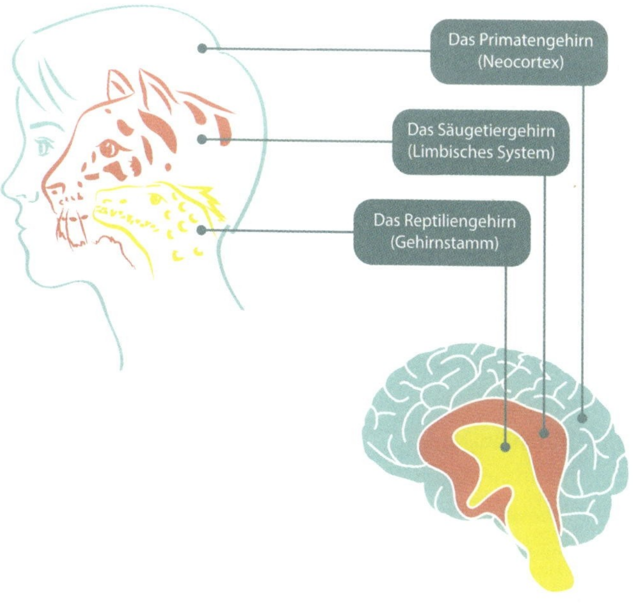

Die dreischichtige Struktur des Gehirns

Im Laufe seiner Studien stieß er schließlich auf die Arbeit des Hirnforschers Paul D. MacLean, der zu dieser Zeit gerade seine richtungsweisende Forschung zum dreieinigen Gehirn veröffentlicht hatte. In dieser Theorie zeigte er auf, dass die Struktur des menschlichen Gehirns keine Einheit ist, sondern aus drei funktionell unterschiedlichen Teilen besteht, die zwar miteinander verknüpft sind, sich aber evolutionär in unterschiedlichen Phasen entwickelt haben.

Die innenliegende Struktur ist der evolutionär mit Abstand älteste Teil unseres Gehirns – der Hirnstamm. Sie hat sich schon bei den ersten Reptilien entwickelt, und von daher nannte MacLean diese Struktur auch »unser Reptilienhirn«. Es ist relativ primitiv und besteht aus weitestgehend fest »verdrahteten« Regelkreisen. Beim Menschen steuert es insbesondere alle grundlegenden Funktionen wie die Atmung, Verdauung, Temperaturregelung und so weiter sowie den Überlebens-, Territorial- und Sexualtrieb. Es braucht kein Bewusstsein, sondern funktioniert vollkommen automatisch. Bei uns Menschen ist es mit der Geburt weitestgehend ausgebildet.

Jahrmillionen später entwickelte sich das limbische System, das MacLean »unser Säugetiergehirn« nannte. Es ist weitaus komplexer, verfügt über ein sehr viel weiteres Spektrum von Emotionen und ist unter anderem verantwortlich für soziale und emotionale Bindungen. Dieses Fürsorgesystem gewährleistet, dass sich Säugetiere und Vögel um ihre Nachkommen kümmern und auch untereinander komplexe Bindungen eingehen – sei es in Paarbeziehungen, in Rudeln oder Herden. Auch das limbische System ist weitestgehend von der Natur vorgeprägt und funktioniert überwiegend automatisch.

Die äußerste Struktur schließlich ist das Großhirn – der Neocortex, der sich wiederum über Jahrmillionen beim Menschen zu der komplexesten Struktur entwickelt hat, die im Universum bisher entdeckt wurde. So war es naheliegend, dass MacLean diese Struktur als »menschliches Gehirn« bezeichnete. Das ist nicht ganz richtig, denn auch Säugetiere, Vögel und selbst Reptilien haben zumindest einen rudimentären Neocortex, und bei Schimpansen sowie einigen anderen Primaten ist er nahezu so komplex wie bei uns.

Das Besondere am Neocortex ist, dass er ein weitestgehend offenes System ist. Es gibt zwar spezifische Hirnbereiche, die für jeweils bestimmte Funktionen zuständig sind, aber wie sie sich entwickeln und ausdifferenzieren, hängt von den persönlichen Erfahrungen ab, die jedes Individuum macht.

Koestler glaubte, mit dieser Erkenntnis die Ursache dafür gefunden zu haben, dass Menschen im Namen hoher Ideale die schlimmsten

Gräueltaten begehen können. Er kam zu dem Schluss, dass diese drei Gehirnstrukturen nicht gut vernetzt sind – die Evolution zum Menschen sei wohl zu schnell erfolgt, und diese drei Strukturen arbeiteten infolgedessen nicht harmonisch zusammen. Der Mensch in uns könne die schönsten Ideale haben, aber wir hätten auch animalische Anteile bis hin zu einem Krokodil oder einem Hai, die das Steuer in uns übernehmen könnten, gnadenlos ihre Ziele verfolgten und unsere menschlichen Ideale korrumpierten.

So entstand sein wohl bekanntestes Buch *Der Mensch: Irrläufer der Evolution*, in dem er zu dem Schluss kam, der Mensch sei zwar »ein netter Versuch« der Evolution, allerdings dem sicheren Untergang geweiht, da er nicht über ein integriertes Gehirn verfüge und so sich selbst und, wenn es schlimm komme, sogar gleich den ganzen Planeten, vernichten werde.

Wie Sie sich vorstellen können, machte mich das sehr nachdenklich. Ich hatte gerade voller Enthusiasmus den Verein »Mit Kindern wachsen« initiiert, aber was, wenn das alles ein Hirngespinst war? Wenn wahre Menschlichkeit letztlich nicht mehr als eine Illusion ist, sobald es drauf ankommt?

Zum Glück stieß ich wenig später auf Forschungen zur Psychotherapie, die zwar ebenfalls zum Schluss kamen, dass sowohl psychische Störungen als auch solche Gräueltaten auf eine mangelnde Integration dieser drei Gehirnstrukturen zurückzuführen sind. Die Ursache dafür ist aber kein Irrtum der Evolution, sondern es sind ungeeignete Erfahrungen in der Entwicklungszeit. So wie der Rosenstock seine Pracht nur entfalten kann, wenn er die entsprechenden Bedingungen vorfindet, werden auch wir zwar als Menschen geboren, aber

wahre Menschlichkeit kann sich nur entwickeln, wenn wir sie von Anfang an selbst erfahren.

Verantwortlich für diese menschlichen Qualitäten ist vor allem unser sogenanntes Frontalhirn, das beim Menschen deutlich komplexer ist als bei allen anderen Säugetieren und von dessen Funktionen man zur Zeit von MacLean und Koestler noch nicht so viel wusste wie heute. Folgende Funktionen des Frontalhirns hat Dan Siegel in seinen Forschungen herausgearbeitet:

- *Körperregulation:* Auch wenn dafür vor allem der Hirnstamm verantwortlich ist, spielt das Frontalhirn bei der Regulierung verschiedener Körperfunktionen wie Atmung und Herzschlag eine wesentliche Rolle.
- *Eingestimmte Kommunikation:* Wenn sich das Frontalhirn entsprechend entwickeln konnte, ermöglicht es uns, uns auf einen anderen Menschen einzustimmen und auf eine Weise mit ihm zu kommunizieren, dass er sich gesehen und verstanden fühlt.

- *Emotionale Ausgeglichenheit:* Eine wesentliche Funktion des Frontalhirns ist die Fähigkeit, unsere Emotionen zu regulieren, sodass wir auch in stürmischen und schwierigen Zeiten nicht die Beherrschung verlieren.
- *Reaktionsflexibilität:* Sie bezeichnet die Fähigkeit, innezuhalten und verschiedene Handlungsoptionen abwägen und dann bewusst entscheiden zu können, anstatt automatisch und reflexhaft (reaktiv) zu reagieren.
- *Empathie und Mitgefühl:* Sie bezeichnen die Fähigkeit zu fühlen, was andere Menschen empfinden, sowie den Wunsch, aktiv zu werden und Leiden zu lindern, wenn wir es in anderen wahrnehmen. Selbstmitgefühl bedeutet, dass wir liebevoll und warmherzig mit uns sind, wenn wir es gerade schwer haben.
- *Einsicht (sich selbst kennendes Gewahrsein):* Sie bezeichnet die Fähigkeit, uns der Funktionsweise unseres Geistes gewahr und mit ihm vertraut zu werden, sodass wir letztlich zu mehr Selbsterkenntnis finden.
- *Angstmodulation:* Damit wird ein besonderer Aspekt der Emotionsregulation herausgehoben. Ein entsprechend ausgebildetes Frontalhirn ermöglicht es uns, Erregungszustände unserer Amygdala (der »Alarmglocke« in unserem limbischen System) zu dämpfen, sodass uns unsere Ängste nicht überwältigen.
- *Intuition:* Wenn das Frontalhirn gut entwickelt und in einem offenen, empfänglichen Modus ist, haben wir Zugang zu tieferen Schichten unseres Geistes wie unserer Kreativität und Intuition oder auch dem, was wir »unser Bauchgefühl« oder das »Sehen mit dem Herzen« nennen.

- *Moral:* Hiermit ist nicht eine Moral gemeint, die mit der Angst vor Strafe (wie in die Hölle zu kommen, wenn man »böse« ist) oder der Hoffnung auf Belohnung (wie in den Himmel zu kommen, wenn man »brav« ist) zu tun hat, sondern eine sehr viel tiefer gehende Moral. Da sich Menschen mit einem gut ausgebildeten Frontalhirn verbunden fühlen mit anderen Menschen und der Natur, wird Moral so selbstverständlich wie das Atmen. Sie ist die natürliche Geste eines berührbaren menschlichen Herzens.

Wenn wir uns diese Funktionen ansehen, können wir dann nicht sagen, dass sie sehr umfassend einen gesunden menschlichen Geist beschreiben? Um auf Arthur Koestler zurückzukommen – das fehlende Teil in seiner Analyse der menschlichen Natur war das Frontalhirn, das genau die von ihm vermisste integrative Funktion hat, die es aber nur übernehmen kann, wenn es gut entwickelt ist. Integration ist von daher der Schlüsselbegriff, wenn es darum geht, einen gesunden menschlichen Geist zu entwickeln und zu mehr Selbstmitgefühl und Selbstliebe sowie zu einem grundlegenden Wohlbefinden zu kommen.

All diese Qualitäten sind Aspekte des goldenen Buddha unter der Tonschicht. Es geht also nicht um Selbstoptimierung oder darum, uns selbst so, wie wir sind, über Bord zu werfen, sondern darum, die vorhandenen Qualitäten in uns aufzuspüren und zu kultivieren, die zu unserer wahren Natur gehören.

TEIL 2

Den inneren Garten pflegen

Durch die Praxis der Achtsamkeit kann unser gutes Herz aufscheinen und zu dem warmen inneren Klima werden, das unser wahres Wesen zum Erblühen bringt. So offenbart sich unsere essenzielle Gutherzigkeit.

Aus Tibet

Achtsamkeit

Auch wenn das Wort »Achtsamkeit« inzwischen fast inflationär verwendet wird, besteht letztlich wenig Verständnis, was damit eigentlich gemeint ist. So ist die deutsche Übersetzung des Pali-Wortes (Pali ist die Sprache, in der die Lehrreden des Buddha aufgeschrieben wurden) *sati* mit »Achtsamkeit« recht irreführend, suggeriert es doch, dass es darum geht, ständig aufzupassen, uns anzustrengen und möglichst perfekt zu sein. Weiter weg von der wahren Bedeutung des Wortes *sati* kann man kaum sein. So wurde mir gesagt, dass seine Bedeutung vor allem »sich erinnern« ist. Man könnte es also auch mit dem Wort »Selbsterinnerung« übersetzen. Damit kommen wir der Sache schon sehr viel näher. Sich seiner selbst zu erinnern bedeutet, sich seiner selbst gewahr zu sein – uns bewusst zu sein, was sich in unserem Geist abspielt, und auf diese Weise nicht mit allen Gedankeninhalten identifiziert zu sein sowie weitestgehend auf Autopilot zu funktionieren. Letztlich ist Achtsamkeit ja ein Seinsmodus, der durch Qualitäten wie

Präsenz, Offenheit, Flexibilität, Geduld, Gelassenheit, Unvoreingenommenheit, Nichturteilen und Mitgefühl gekennzeichnet ist. Und all diese Qualitäten unterliegen nicht unserer Kontrolle. Wir können nicht auf Befehl offen, flexibel oder mitfühlend sein: »*Sein* können wir nicht *tun*.« Was wir hingegen tun können, ist, vertrauter mit unserem Geist zu werden. Wir können uns selbst erforschen und besser kennenlernen, sodass wir die Bedingungen mehr und mehr verstehen, die notwendig sind, dass sich Achtsamkeit einstellt. Siegel hat dies »den empfänglichen Modus des Gehirns« genannt, eine Bezeichnung, die mir sehr gut gefällt. Wenn wir uns weder bedroht noch getrieben fühlen, können wir uns innerlich niederlassen und uns für uns selbst und unsere Erfahrung im gegenwärtigen Moment öffnen. Das ist natürlich leichter gesagt als getan, denn damit dieser Seinsmodus eintreten kann, müssen unsere emotionalen Regulationssysteme einigermaßen ausgeglichen

sein. Sobald wir etwas erreichen oder gar erzwingen wollen, sobald wir Vorstellungen haben, wie wir oder unser Geist sein sollten, sind wir zielorientiert und damit im »Tunmodus«.

Um zu dem Bild des inneren Gartens zurückzukommen, könnten wir sagen, dass es um die Gärtnerin oder den Gärtner geht, die den ganzen Garten im Auge haben und so ein Bewusstsein dafür entwickeln, was erforderlich ist, damit der Garten sich im Gleichgewicht befindet. Erst wenn er oder sie dieses Gewahrsein entwickelt hat, werden sie aktiv. Dann ist das Tun nicht automatisch und reflexhaft, sondern entspringt einem tiefen Verständnis, was alle Pflanzen brauchen, sodass der Garten sein Gleichgewicht bewahrt. Auf diese Weise erwächst das Tun ganz natürlich aus dem Sein.

Der *Willkommensteppich*

Wie können wir nun aber die Bedingungen in unserem Geist schaffen, dass sich dieser Seinsmodus einstellen kann und wir Zugang zu den tieferen Ebenen unserer selbst erhalten? An dieser Stelle kommt wie schon angedeutet die Achtsamkeitsmeditation ins Spiel. Sie ist eine wunderbare Möglichkeit, immer wieder aus dem Erledigungsmodus und dem Tun auszusteigen und uns dem Sein zu öffnen. Das fällt uns westlichen Menschen alles andere als leicht, sind wir doch in einer Kultur aufgewachsen, in der wir von klein auf Anerkennung vor allem durch Leistung erhalten haben. In der Meditation geht es jedoch nicht um Leistung – im Gegenteil, wir schaffen einen inneren Raum, in dem wir uns niederlassen können und willkommen sind, ohne irgendetwas leisten zu müssen.

Ich nenne das »uns den Willkommensteppich ausrollen«. Dieser Willkommensteppich ist ein innerer Ort, an dem Sie sich niederlassen und bei sich selbst ankommen können, egal, wie es Ihnen gerade geht. An diesem Ort gibt es nichts, was Sie tun oder leisten müssten, es gibt nichts zu erledigen, Sie müssen nicht gut sein, und Sie müssen auch keinerlei Erwartungen erfüllen. Niemandem müssen Sie es recht machen, noch nicht einmal sich selbst.

Wenn Sie jetzt eine Ahnung davon bekommen, wie sich das anfühlen würde, an einem solchen Ort zu sein, sind Sie schon auf dem richtigen Weg dorthin. Folgende Reflexion kann dazu dienen herauszufinden, was Sie brauchen, um sich von sich selbst willkommen geheißen zu fühlen. Sie können sich für diese Reflexion immer mal wieder etwas Zeit nehmen – manchmal vielleicht nur für zwei oder drei Atemzüge, um freundlich bei sich selbst vorbeizuschauen. Eine wohlwollende innere Haltung sich selbst gegenüber zu kultivieren hat eine zutiefst transformierende Wirkung.

Aber erwarten Sie keine Revolution – vielleicht hören Sie anfangs Ihre kritischen Stimmen noch lauter als zuvor. Das heißt nicht, dass Sie etwas verkehrt machen – es geht nicht darum, diese Stimmen zu unterdrücken oder auszumerzen. Wir werden uns diesen kritischen Stimmen später noch eingehender zuwenden. An diesem Punkt geht es erst einmal darum, eine wohlwollende, warmherzigere Stimme in Ihrem Inneren zu gießen. Und so, wie wir bei einer Pflanze nicht nach dem ersten Gießen eines Samenkorns gleich eine Blüte erwarten oder im Boden wühlen, ob schon etwas gewachsen ist, müssen wir Geduld mitbringen. Wir kümmern uns ausschließlich um das Gießen von Wohlwollen uns selbst gegenüber. Wie und wann sich diese Qualität dann in unserem Inneren entwickelt, unterliegt nicht unserer Kontrolle und verläuft bei jedem Menschen unterschiedlich. Wir können nichts erzwingen, aber wenn wir, so gut es eben geht, regelmäßig gießen, ist es unausweichlich, dass mit der Zeit etwas in unserem Inneren zu wachsen und aufzublühen beginnt.

Den folgenden Text und die weiteren Meditationen, Reflexionen und Übungen können Sie langsam lesen und immer mal wieder innehalten, oder Sie sprechen sich den Text auf das Smartphone oder einen Computer und lassen sich von sich selbst durch die Meditation führen. Auf meiner persönlichen Website www.lienhard-valentin.de und auf www.arbor-online-center.de finden Sie weitere angeleitete Meditationen kostenlos zum Anhören beziehungsweise zum Download. Wundern Sie sich nicht, dass sie immer wieder etwas anders sind in Wortwahl und Tempo – es ist nichts in Stein gemeißelt. Sie können sich die Variante auswählen, die Sie am meisten anspricht.

Reflexion über den Willkommensteppich

Sorgen Sie dafür, dass Sie möglichst ungestört sind, und setzen Sie sich, so bequem es geht, aber doch möglichst aufrecht auf einen Stuhl, ein Meditationskissen oder ein Bänkchen. Im Sitzen ist es leichter, präsent zu bleiben, aber wenn Ihnen das lieber ist, können Sie sich auch hinlegen.

Lassen Sie sich dann ein paar Momente Zeit, um erst einmal körperlich anzukommen. Spüren Sie den Kontakt zur Unterlage, und nehmen Sie zwei oder drei tiefere Atemzüge, vor allem mit einem längeren Ausatmen. Sie können auch gähnen oder sich mit einem Seufzen niederlassen. All dies signalisiert unserem Nervensystem, dass wir eine Pause einlegen dürfen. Vielen Menschen hilft das Bild einer Katze, die sich in einen warmen Sonnenstrahl gelegt hat. Dabei ist sie trotz aller Entspannung gleichzeitig präsent. Sollte eine Maus in der Nähe leise rascheln oder ein Hund näher kommen, ist sie sofort hellwach.

Wenn Sie das Gefühl haben, einigermaßen angekommen zu sein, stimmen Sie sich auf sich selbst ein. Das braucht keine Anstrengung, es ist vielmehr ein Sichöffnen, ein Empfänglichwerden für uns selbst und unser Befinden im gegenwärtigen Moment. Wenn das für Sie passt, können Sie sich auch selbst mit dem eigenen Vornamen innerlich begrüßen und sich dann mit einem möglichst wohlwollenden, freundlichen Interesse sich selbst zuwenden.

Lassen Sie sich ein wenig Zeit, um zu erkunden, wie Sie von sich selbst eingeladen werden, sodass Sie sich willkommen geheißen fühlen – dass Sie sich gern bei sich selbst niederlassen. Lassen Sie, so gut es geht, unsere übliche Tendenz beiseite, uns selbst und unsere Erfahrung immer anders haben zu wollen, als sie gerade sind.

Sie können auch Ihre Fantasie zu Hilfe nehmen und sich vorstellen: Wie müsste eine Person sein, dass ich mich angenommen und gesehen fühle, sodass ich ihr vertrauen und mich ihr öffnen kann? Wenn Sie dafür auch nur eine Ahnung bekommen, können Sie schauen, ob es Ihnen möglich ist, dieser inneren Haltung sich selbst gegenüber Schritt für Schritt näher zu kommen.

Wundern Sie sich nicht, wenn sich immer wieder kritische Stimmen einmischen – das ist ganz normal. Nehmen Sie auch das möglichst freundlich zur Kenntnis, und kommen Sie dann, so gut es geht, wieder darauf zurück, sich selbst willkommen zu heißen.

Lassen Sie sich Zeit – Veränderungen geschehen nicht von heute auf morgen, aber sie geschehen in ihrer eigenen Zeit, wenn Sie dranbleiben.

Mit uns selbst *vertraut werden*

Wenn wir unseren inneren Garten aufblühen lassen und pflegen wollen, sollten wir uns also zunächst einmal mit ihm vertraut machen. Einem Menschen, der besonders gut wahrnehmen kann, was Pflanzen brauchen, attestieren wir einen grünen Daumen. Statt voreilig in die Ökologie des Gartens einzugreifen, macht er sich mit jeder einzelnen Pflanze vertraut, gibt ihr einen entsprechenden Platz und sorgt dafür, dass sie die entsprechenden Nährstoffe bekommt. Wenn wir dies auf unseren inneren Garten übertragen, geht es erst einmal darum, uns selbst und die Funktionsweise unseres Geistes besser kennenzulernen, statt uns voreilig einzumischen.

An dieser Stelle kann uns einmal mehr die Praxis der Achtsamkeit wertvolle Dienste leisten, geht es dabei doch darum, uns selbst und unsere Erfahrung im gegenwärtigen Moment in einem wohlwollenden Gewahrsein zu halten. Aber wie stellen wir das am besten an? Wenn Sie

dieses Buch lesen, kennen Sie vermutlich nur allzu gut unsere übliche Tendenz, uns selbst und unsere Erfahrung anders haben zu wollen – und das möglichst schnell. Und warum sollte ich mich überhaupt hinsetzen und meditieren, wenn ich kein Ziel habe und alles so lassen soll, wie es ist?

Das ist tatsächlich eine spannende Frage, die uns zum sogenannten Paradoxon der Veränderung führt, das von dem seit seinem 25. Lebensjahr an gelähmten Gestalttherapeuten und Professor für Psychiatrie Arnold R. Beisser formuliert wurde: »Veränderung geschieht, wenn jemand wird, was er ist, nicht wenn er versucht, etwas zu werden, das er nicht ist.«

Es ist nicht schwer nachzuvollziehen, dass diese Erkenntnis eigener Erfahrung entspringt – wer in dem Alter an Kinderlähmung erkrankt, wird sicher mit seinem Schicksal hadern und seinen Zustand anders haben wollen, als er ist. Aber mit der Zeit erkannte Beisser, dass

Veränderung dann geschieht, wenn man nicht mehr zwanghaft versucht, sich zu ändern, sondern sich selbst erst einmal anzunehmen lernt, wie man eben ist. Dieses Anerkennen unserer selbst und unseres Schicksals öffnet den Raum für heilende Veränderung, und wir werden frei.

Dies soll natürlich nicht heißen, dass wir alle inneren Widerstände aufgeben und uns unserem Schicksal ergeben und alles hinnehmen sollten. Worum es stattdessen geht, hat vermutlich der amerikanische Theologe Reinhold Niebuhr in seinem Gelassenheitsgebet besonders klar zum Ausdruck gebracht:

Gott, gib mir die Gelassenheit, Dinge hinzunehmen,
die ich nicht ändern kann, den Mut, Dinge zu ändern,
die ich ändern kann, und die Weisheit,
das eine vom anderen zu unterscheiden.

Es geht also auch darum, unterscheiden zu lernen, wann es angebracht ist zu handeln und wann es eher darum geht, etwas anzunehmen, was nicht geändert werden kann. Bezogen auf uns selbst, ist die grundlegende Selbstakzeptanz von entscheidender Bedeutung. Wie der Meditationslehrer Mark Coleman schreibt:

*Der Frieden, nach dem ich suchte,
lag nicht irgendwo in einer himmlischen Welt
oder in einer ekstatisch-mystischen Erfahrung,
sondern in der liebenden Akzeptanz meines
gesamten Wesens. Und das ist die Reise des Abstiegs,
die Reise ins Herz. Wir müssen bereit sein, mit dem
zu leben, was immer wir dort entdecken,
und das in Liebe, Akzeptanz und
Sanftheit zu halten.*

Im Englischen gibt es einen sehr treffenden Satz dazu: »What you resist persists and what you can allow to feel can heal.« Also alle unguten Gefühle in unserem Inneren, gegen die wir Widerstände haben und die wir loswerden wollen, bleiben. Aber die Gefühle, denen wir erlauben, da zu sein und sie wirklich zu fühlen, können sich verändern und heilen:

Bedingungslos

Wenn ich bereit bin, Einsamkeit zu erleben,
Entdecke ich Verbundenheit überall.
Wenn ich mich der Angst zuwende,
Treffe ich die Kriegerin, die in mir lebt.
Wenn ich mich meinem Verlust öffne,
Spüre ich die Umarmung des Universums.
Wenn ich mich der Leere überlasse,
Finde ich endlose Fülle.

Jeder Zustand, vor dem ich fliehe, verfolgt mich,
Jeder Zustand, den ich willkommen heiße,
transformiert mich.
Und wird selbst transformiert
In seine strahlende juwelengleiche Essenz …

Jennifer Welwood

Zunächst einmal geht es also darum, uns mit unserem inneren Garten vertraut zu machen – mit dem zu sein, was dort gerade präsent ist. Fühlen Sie die Gefühle, erfahren Sie die Erfahrungen, die bitteren genauso wie die süßen. Sie könnten verschiedene Aspekte einer Erfahrung erkunden – wie etwa die Empfindungen dabei, genauso die Emotionen, Gedanken und Wünsche – und vielleicht tiefer zu verletzlicheren Schichten vorstoßen wie dem häufig hinter der Wut liegenden Schmerz. Im Prozess des Dabeibleibens könnte sich eine Erfahrung verändern, aber Sie versuchen nicht absichtlich, sie zu manipulieren.

Wenn Sie mit Ihrem inneren Garten vertrauter sind, können Sie aus dieser größeren Perspektive heraus einen Schritt weiter gehen. Sie können beginnen, *das Negative* – was auch immer schmerzvoll oder schädlich ist – zu verkleinern. Beispielsweise könnten Sie Gefühle einem Freund gegenüber zum Ausdruck bringen, von selbstkritischen Gedanken Abstand nehmen, aufhören, Kekse nach Hause zu bringen, die das Verlangen nach Zucker schüren, oder Verspannungen lösen, indem Sie Ihren Körper entspannen.

Drittens können Sie *das Positive* – was immer nährend oder wohltuend ist – gießen, indem Sie es kultivieren, entwickeln oder bewahren. Sie könnten innere Ressourcen wie Dankbarkeit, Freude, Gelassenheit und Selbstmitgefühl wachsen lassen, um auf diese Weise mehr und mehr im Einklang mit Ihrem wahren Selbst zu leben und für die schmerzlichen Aspekte Ihres Lebens gewappnet zu sein.

Es geht mit anderen Worten nicht darum, an uns selbst herumzudoktern und uns nach unseren Vorstellungen umzuprogrammieren, sondern die Bedingungen zu schaffen, damit unser wahres Selbst aufblühen kann – sodass wir mehr und mehr die oder der werden, die wir in unserem Wesen sind. Die buddhistische Nonne Pema Chödrön schrieb in diesem Sinne:

Wir dürfen immer noch so verrückt sein,
wie wir eben nun mal sind oder immer schon waren.
Wir können immer noch wütend sein.
Wir können immer noch ängstlich oder eifersüchtig sein
oder uns wertlos fühlen. Es geht nicht darum,
uns selbst auf den Müll zu werfen und etwas Besseres
werden zu wollen, sondern uns damit anzufreunden,
wie wir jetzt sind.

Freundlichkeit *mit uns selbst kultivieren*

Meditiere nicht, um dich zu reparieren, zu heilen, zu verbessern, zu erlösen; tu es lieber aus einem Akt der Liebe heraus, aus tiefer, herzlicher Freundschaft dir selbst gegenüber. Auf diese Art und Weise gibt es keinen Grund mehr, für die subtile Aggression der Selbstverbesserung, für die endlosen Schuldgefühle, nicht genug zu sein. Es bietet Gelegenheit für ein Ende der unaufhörlichen Runden des schweren Versuchens, welches so viele Leben verhärtet. Stattdessen gibt es Meditation als einen Akt der Liebe. Wie unendlich wonnevoll und ermutigend.

Bob Sharples

Diese Worte des australischen Psychotherapeuten und Meditationslehrers Bob Sharples berühren mich immer wieder, bringt er doch in wenigen Worten auf den Punkt, welche innere Haltung notwendig ist, damit unsere Meditationspraxis wirklich Früchte trägt. Praktizieren wir in einer solchen inneren Haltung, bekommt unser innerer Garten das Sonnenlicht und die Nahrung, die er braucht, und unser(e) innere(r) Gärtner(in) erkennt immer mehr unsere tiefsten Bedürfnisse und kann die Bedingungen schaffen, dass unser innerer Garten gedeiht.

Wenn wir uns und den uns innewohnenden Geist besser kennenlernen wollen, braucht es letztlich nur zwei Grundvoraussetzungen: Interesse und Freundlichkeit. Wenn Sie sich also dafür entscheiden, eine regelmäßige Meditationspraxis zu etablieren, verbinden Sie sich möglichst mit diesen Qualitäten. Wenn Sie es hingegen aus einem Pflichtgefühl heraus tun – also mit einer inneren Haltung des »Sollens« oder »Müssens« –, ist dies dem Prozess des inneren Sichöffnens und Aufblühens nicht förderlich. Vermutlich wird eine solche Haltung eher einen anderen Persönlichkeitsanteil in uns aktivieren, der keine Lust hat, immer zu sollen und zu müssen; und so liegen wir mit uns selbst im Konflikt, aus dem der innere Boykotteur vermutlich als Sieger hervorgeht. Aber selbst wenn nicht, wird Meditation zu einer inneren Anstrengung und einem inneren Kampf, der nur wenig zu einem wahren Wohlbefinden und zu tieferer Selbsterkenntnis beitragen kann.

Wir könnten Achtsamkeit auch mit einem inneren Licht vergleichen. Indem wir uns der Praxis der Achtsamkeit widmen, stärken wir dieses innere Licht, und mit der Zeit können wir es auch in die dunkleren Bereiche unserer Psyche tragen. Aber zunächst einmal geht es darum, dieses innere Licht zu hegen, sodass wir unsere Innenwelt klarer sehen können. Dazu dient die folgende Meditation, die dabei helfen kann, den Raum und eine innere Umgebung zu schaffen, die als Basis für unsere Selbsterkundung dienen kann.

Beginnen Sie jede formelle Meditationspraxis am besten damit, sich selbst den Willkommensteppich auszurollen, um die Voraussetzungen zu schaffen, dass Sie sich gern bei sich selbst niederlassen – sodass der

Impuls zur Meditation möglichst aus echter Neugier, aus wirklichem Interesse für sich selbst kommt und von Wohlwollen und Freundlichkeit getragen ist.

Grundlegende Achtsamkeitsmeditation

Sorgen Sie wieder dafür, dass Sie möglichst ungestört sind, und nehmen Sie eine Meditationshaltung ein, in der Sie sich wohlfühlen. Lassen Sie die Augen sanft zugehen, wenn das angenehm für Sie ist, oder lassen Sie sie halb geöffnet vor sich mit Blick auf den Boden oder an die Decke ruhen, wenn Sie liegen. Nehmen Sie sich dann etwas Zeit, um erst einmal bei sich selbst anzukommen, und rollen Sie sich den Willkommensteppich aus. Das muss nicht so ausführlich sein wie in der Reflexion beschrieben, mit der Zeit spüren Sie immer schneller, was Sie brauchen, um bei sich selbst anzukommen.

Wenn Sie das Gefühl haben, einigermaßen angekommen zu sein, und den Impuls spüren, sich auf die Meditation einzulassen, können Sie sich selbst mit dem eigenen Vornamen begrüßen, wenn das für Sie passt, und sich dann mit einem möglichst offenen und echten Interesse sich selbst zuwenden.

Wie sieht Ihre Gedankenwelt gerade aus? Eher turbulent, oder treiben die Gedanken einigermaßen gemächlich dahin? Oder gibt es welche, die im Vordergrund stehen, die sich Ihnen aufdrängen? Egal, wie Ihre Gedankenwelt gerade aussieht, versuchen Sie nicht, etwas zu ändern, sondern geben Sie allem Raum, so wie der weite Himmel den Wolken und allen Wetterlagen Raum gibt.

Wenden Sie sich dann Ihrer Stimmungslage zu. Wie ist gerade Ihre Grundstimmung – Ihre emotionale Wetterlage? Wie das äußere Wetter kann auch unsere innere Wetterlage heiter oder trüb, klar oder neblig, kühl oder warm, hell oder dunkel sein. Manchmal sind bestimmte Emotionen im Vordergrund, und manchmal ist es relativ neutral, was wir dann häufig als langweilig interpretieren. Schauen Sie, wie bei allen Schwankungen Ihre derzeitige Grundstimmung ist – es reicht zu bemerken, ob Sie sich eher im positiven oder eher im negativen Bereich befinden. Aber gleich, wie Ihr inneres Wetter aussieht, es geht zunächst einmal nicht darum, etwas zu verändern, sondern so gut wie eben möglich mit sich selbst und Ihrer Erfahrung zu sein, so wie sie gerade ist.

Wenden Sie sich anschließend Ihrem Körper zu. Spüren Sie den Kontakt zum Boden? Wie fühlt sich Ihr Körper an? Entspannt oder angespannt? Können Sie mit einer kleinen Bewegung hier oder dort etwas Spannung loslassen?

Stellen Sie sich dann auf Ihren Körper als Ganzes ein, so wie er hier sitzt oder liegt, im Kontakt mit dem Boden und vom Boden getragen. Und dann lade ich Sie ein, etwas mit Ihrer Aufmerksamkeit zu spielen. Stellen Sie sich zunächst auf das Hören ein – auf die Welt der Klänge und Geräusche. Um zu hören, brauchen wir keinerlei Anstrengung. Das einzig Erforderliche ist Interesse und ein Sichöffnen, ein Empfänglichwerden für die Welt der Klänge und Geräusche. Sie können auch einmal ausprobieren, wie es sich anfühlt, wenn Sie nach Geräuschen aus Ihrem Inneren spähen, und wie es ist, wenn Sie diese Anstrengung wieder loslassen und sich mit etwas Neugier öffnen für diese Welt. Lassen Sie sich alle Klänge und Geräusche zu Bewusstsein kommen, und registrieren Sie einfach, was Sie empfangen.

Gibt es Geräusche, die aus dem Raum stammen, in dem Sie sitzen? Kommen welche von außerhalb? Sind es kurze Geräusche, oder gibt es auch andauernde? Welche gehen von Ihrem Körper aus? Und wie ist es mit der Stille zwischen den Geräuschen? Können Sie auch mit dieser *sein*, ohne nach weiteren Geräuschen zu spähen? Präsent und empfänglich sein, ohne etwas tun zu müssen oder erreichen zu wollen. So gut wie möglich.

Können Sie auch die beiden Ebenen wahrnehmen, die beim Hören beteiligt sind? Einmal die reinen Sinneswahrnehmungen des Hörens und dann unser innerer Kommentator, der ihnen Namen gibt und vielleicht auch Geschichten darüber erzählt, dass es ruhiger sein sollte – oder was auch immer dieser Kommentator zu den Geräuschen zu sagen hat. Versuchen Sie nicht, ihn abzustellen, aber schauen Sie, ob Sie den Schwerpunkt Ihrer Aufmerksamkeit immer wieder zu der Sinneserfahrung des Hörens zurückbringen können.

Bleiben Sie ein oder zwei Minuten bei diesem Experiment. Wenn Sie immer wieder abschweifen und sich verlieren, ist das vollkommen normal und kein Versagen. Sobald Sie es bemerken, kommen Sie einfach immer wieder zum Hören zurück. Es ist nicht entscheidend, wie lange Sie dabei sein können, sondern vielmehr mit welcher inneren Haltung Sie sich zurückholen.

Stellen Sie sich dann wieder darauf ein, Ihren Körper als Ganzes zu spüren. Auch dabei braucht es keine Anstrengung, keine Konzentration im üblichen Sinne. Sie können sich weiterhin auf Ihrem Willkommensteppich niederlassen und öffnen sich nun für die Welt der Körperempfindungen.

Spüren Sie, wie Ihr Körper von Ihrer Atmung bewegt wird? Die Empfindungen beim Heben und Sichsenken der Bauchdecke? Oder das Weiterwerden und Wiederzurückkommen des Brustkorbs? Oder vielleicht auch die Empfindungen an den Nasenlöchern, wie die Luft dort hinein- und etwas wärmer wieder herausströmt?

Unser Atem nährt und hält uns seit unserer Geburt am Leben, Tag und Nacht, ohne dass wir etwas dafür tun müssten. Sie brauchen Ihren Atem also in keiner Weise zu verändern. Stattdessen können Sie sich ihm anvertrauen, sich sozusagen auf den Wellen Ihres Atems sanft niederlassen und sich von ihm wiegen und nähren lassen. Atemzug für Atemzug. Und wenn Sie bemerken, dass Ihre Gedanken Sie davongetragen haben, ist das kein Problem, sondern der Moment, in dem Sie wieder da sind und sich von Neuem einladen können, sich auf den Wellen Ihres Atems niederzulassen. Immer wieder, freundlich, aber beharrlich. Bleiben Sie wieder ein paar Minuten bei dieser Praxis.

Spüren Sie abschließend noch einmal Ihren Körper, und schauen Sie, ob Sie Rekel- und Dehnimpulse wahrnehmen können. Folgen Sie diesen langsam und genüsslich, und öffnen Sie schließlich die Augen.

Wie ist es Ihnen bei dieser Meditation ergangen? Noch einmal – es geht dabei nicht darum, etwas zu verändern oder einen besonderen Zustand herzustellen, sondern mit möglichst wohlwollendem Interesse mit uns und unserer Erfahrung zu *sein*.

Haben Sie bemerkt, dass Ihr Geist ein Eigenleben hat? Dass er nicht einfach beim Hören oder beim Atmen bleibt, sondern hierhin und dorthin wandert? Willkommen im Club! Dies ist kein Zeichen dafür, dass Sie für die Meditation unbegabt sind und, während alle anderen selig in innerer Stille verweilen, nur Sie diesen verrückten Geist haben, der einfach macht, was er will. Ganz und gar nicht! Der einzige Grund, warum Ihr Geist vermutlich immer wieder auf Wanderschaft geht, ist die schlichte Tatsache, dass Sie ein menschliches Gehirn haben. So wie unser Herz schlägt, die Lunge atmet und unser Magen verdaut, so denkt unser Gehirn. Und – vielleicht hilft Ihnen dies, die inneren

Perfektionisten etwas zu beruhigen –: Dasselbe gilt auch für den Dalai Lama oder Meditationsmeister wie Thich Nhat Hanh.

Besonders offen und eindrücklich beschreibt dies der bereits erwähnte Jack Kornfield. Als er nach langer Zeit als buddhistischer Mönch in thailändischen Waldklöstern wieder in die USA zurückkehrte, wurden Anteile in ihm aktiviert, die in der Zeit als Mönch einfach nicht getriggert wurden. Auf seine humorvolle Art drückte er es so aus, dass er förmlich zuschauen konnte, wie alles aus dem Fenster flog, was sich an Ruhe, Gelassenheit und Ausgeglichenheit eingestellt hatte, als er sich wieder auf Beziehungen einließ und vor allem als er dann Vater wurde. So wurde ihm deutlich, dass es für ein alltägliches Leben noch etwas anderes braucht als nur die klassische Meditation.

Natürlich, wenn wir in einem Kloster oder einem längeren Schweige-Retreat sitzen, müssen wir sehr wenige Entscheidungen treffen. Es gibt einen klaren Tagesablauf, der es erlaubt, den Geist zur Ruhe kommen zu lassen. In unserem modernen, zuweilen ziemlich verrückten Alltag sieht die Sache schon anders aus. Da müssen wir ständig Entscheidungen treffen, uns um Job, Familie und so weiter kümmern und sind sehr viel mehr, zum Teil auch starken Reizen ausgesetzt. Wenn wir uns dann hinsetzen, können wir das nicht einfach auf Knopfdruck abstellen.

Kämpfen wir dagegen an, wird es nur noch schlimmer. Stattdessen lassen wir alles, wie es ist, und geben allem Raum. Auf solche Weise beruhigt sich unser Geist von allein. Es ist wie bei bestimmten trüben Flüssigkeiten. Lässt man sie einfach nur in einem Glas stehen, statt sie umzurühren, sinken die Schwebeteilchen normalerweise von selbst, und die Flüssigkeiten werden klar.

In Schweige-Retreats rechnet man meist mit etwa drei Tagen in Stille, bis der Geist einigermaßen zur Ruhe kommt und wir gesammelter sind. Erwarten Sie also nicht zu viel – gut Ding will Weile haben. Sie können sicher sein: Es braucht keinerlei Kraftanstrengung, um unseren inneren Garten zum Aufblühen zu bringen. Jegliche Art von Druck oder Ehrgeiz sind kontraproduktiv. Und selbst wenn Sie dies verstehen und einsehen, werden Sie immer wieder entdecken, dass Ihr Geist Vorstellungen davon entwickelt, wie Ihre Meditation sein sollte, wie er versucht, an angenehmen Zuständen und schönen Erfahrungen festzuhalten oder sie wiederherzustellen, und wie er auf jede erdenkliche Art bestrebt ist, sich von unangenehmen Zuständen zu befreien.

Wir sind da schon evolutionär und gesellschaftlich so tief geprägt, dass wir solche Verhaltensmuster nicht einfach ablegen können. Und im Grunde ist es ja nicht verkehrt, sondern gesund, uns besser fühlen zu wollen. Es funktioniert nur einfach nicht auf diese automatische, reaktive Weise. Vielmehr braucht es etwas Einsicht in unseren Geist, sodass wir die Bedingungen schaffen können, dass er sich selbst regulieren und zu mehr Ruhe und ins Gleichgewicht kommen kann.

Wenn Sie also bemerken, dass Sie beginnen, mit sich selbst oder mit Ihrer Erfahrung in der Meditation (und nicht nur dort) zu hadern, oder frustriert sind, können Sie mal ausprobieren, sich eine Hand sanft auf den Brustraum und die andere auf den Bauch zu legen und die Wärme unter den Händen zu spüren. Dann können Sie ein wenig erforschen, welche Erwartung oder Vorstellung diese Unzufriedenheit auslöst. Vielleicht können Sie still zu sich selbst sagen: »Freundlich«, »Liebevoll« oder ein anderes Wort, das Ihnen hilft, wieder zu einer wohlwollenden und interessierten inneren Haltung zurückzufinden. Und

schauen Sie, wie Sie es sich etwas leichter machen können. Erinnern Sie sich daran – Sie brauchen es niemandem recht zu machen, noch nicht einmal sich selbst!

Eine weitere Möglichkeit, unserem Geist mit Freundlichkeit, Güte und Geduld zu begegnen, habe ich von Jack Kornfield gelernt: Stellen Sie sich vor, Sie möchten einem wirklich niedlichen Welpen »Sitz!« beibringen. Sie zeigen also vor sich auf den Boden und sagen: »Sitz!«, wobei Sie natürlich nicht erwarten können, dass er sitzen bleibt. Er wird loslaufen, hier und dort herumschnüffeln oder sonst etwas anstellen. Als jemand, der weiß, dass hier Geduld angezeigt ist, werden Sie diesen Welpen nicht beschimpfen, Sie werden nicht zu dem Schluss kommen, dass es dieser blöde Hund nie kapieren wird, und Sie werden ihn schon gar nicht schlagen! Sie werden ihn vielleicht mit einem Leckerli zu sich zurücklocken und dann freundlich, aber beharrlich weiter am »Sitz!« arbeiten; denn als guter Hundehalter wissen Sie, dass er dies früher oder später lernen wird.

Wenn Sie also bemerken, dass sich Ihr Geist auf Wanderschaft begeben hat, kritisieren Sie sich nicht dafür – und schon gar nicht sollten Sie sich selbst beschimpfen, dass Sie wohl unbegabt für diese ganze Sache sind und vermutlich der Einzige auf der Welt, der einen solch wilden »Affengeist« hat, bei dem die Gedanken wie Affen auf den Bäumen hin und her springen. Sie können sich sicher sein, dass Sie ganz und gar nicht allein sind. Statt sich zu ärgern, wenn Sie abgeschweift sind, könnten Sie sich auch willkommen heißen. Denn in dem Moment, in dem Sie bemerken, dass Sie weg waren, sind Sie ja wieder da. Erinnern Sie sich also an den niedlichen Welpen, wenn Ihr Geist auf Wanderschaft war, und laden Sie sich so freundlich, aber beharrlich wie möglich immer wieder ein, sich von Neuem niederzulassen. Es ist wirklich egal, wenn das auch zehnmal die Minute geschieht. Wichtig ist nur die innere freundliche, offene und interessierte Haltung, in der Sie sich wieder einladen. Immer und immer wieder. Sie können sicher sein, dass dies in seiner Zeit Früchte tragen wird.

Unseren inneren Garten *gießen und aufwärmen*

Indem wir anfangen, Freundlichkeit uns selbst gegenüber zu entwickeln, beginnt sich unser ganzer innerer Garten, unser ganzes inneres System aufzuwärmen. Vielleicht denken oder erwarten Sie, dass Sie sich dann gleich besser fühlen. Dies mag hin und wieder geschehen, wahrscheinlicher ist aber, dass sich auch schwierige Emotionen einstellen. Warum ist das so? Die einfache Wahrheit lautet: *Liebe bringt alles ans Licht, was nicht geliebt worden ist.*

Wir alle haben als kleine Kinder auch schmerzliche Erfahrungen gemacht, selbst wenn wir wunderbare Eltern hatten. Wir haben uns nicht wirklich als gefühlt und gesehen empfunden, vielleicht wurden unsere wahren Bedürfnisse nicht erkannt, möglicherweise wurden sie missachtet, oder wir waren in diesem zarten Alter Situationen ausgesetzt, die wir nicht verarbeiten und integrieren konnten. Da unser Überleben und nicht die Entfaltung unseres wahren Wesens höchste Priorität hat,

müssen solche unverdaulichen Erfahrungen innerlich »weggesperrt« werden. Wir könnten das so beschreiben, dass sich mit der Zeit eine mehr oder weniger dicke Eisschicht um unser Herz bildet, die verhindert, dass uns diese unverdauten schmerzlichen Emotionen überwältigen. Dies hat zur Folge, dass wir in der Welt, in die wir hineingeboren wurden, erst einmal überleben und funktionieren können. Aber dafür haben wir einen hohen Preis zu zahlen. Wesentliche Teile unserer selbst wurden ausgegrenzt – sozusagen ins Exil geschickt – und mit ihnen unser Potenzial für Lebensfreude, Kreativität und Liebe.

Vor den Kellertüren dieser verbannten Teile stehen innere Wachtposten, die uns davor bewahren wollen, dass wir solchen unerträglichen Gefühlen jemals wieder ausgesetzt sind. Darauf kommen wir noch zu sprechen. An dieser Stelle schon mal so viel: Wenn wir nun langsam etwas mehr Wärme in unser System geben, indem wir freundlicher mit uns selbst sind, beginnt etwas von der Eisschicht um unser Herz zu tauen. Dies kann zur Folge haben, dass aus unerklärlichen Gründen eine Traurigkeit in uns auftaucht oder all die Situationen, in denen man uns gerade nicht mit Wohlwollen und Freundlichkeit begegnet war. Oder es entstehen starke Widerstände gegen diese Praxis. Bei mir sah ein innerer Widerstand zu ihr so aus, dass eine wütende Stimme in mir laut wurde, die sagte: »Was soll denn dieser ganze süßliche Mist? Ich habe absolut keinen Bock auf diesen Zuckerguss!«

Natürlich hat diese Praxis nichts mit Zuckerguss und Süßlichkeit zu tun. Es geht ja schließlich nicht darum, etwas »wegzumeditieren« oder zu übertünchen, sondern einfach darum, uns selbst mit mehr Wohlwollen zu begegnen. Was da in mir reagierte, war demnach ein innerer Wachtposten, der mich davor bewahren wollte, dass ich etwas fühle, was er als unzumutbar ansieht, und von daher wollte er mit allen Mitteln verhindern, dass solche wunden Punkte in mir berührt würden.

Von daher ist es wichtig zu verstehen, dass derartige innere Reaktionen nicht bedeuten, wir würden etwas verkehrt machen oder diese Praxis bringe nichts. Im Gegenteil – es bedeutet, dass ein Auftauprozess begonnen hat. Dabei ist es ausgesprochen wichtig, diesem Prozess seine Zeit zu lassen und nichts zu übereilen. Es hat keinen Sinn, mehr aufzutauen, als Sie gerade verdauen und integrieren können. Wachstum und Integration finden in der mittleren Zone statt. Wenn wir jegliche Art von Verletzlichkeit, Traurigkeit oder anderen schwierigen Emotionen vermeiden wollen, bleiben auch wahre Lebensfreude und andere Aspekte unseres wahren Wesens eingefroren im Boden unseres inneren Gartens und werden nicht zur Entfaltung kommen. Tauen wir auf der anderen Seite zu viel auf einmal auf, geraten wir in die rote Zone und können von schwierigen Emotionen überwältigt werden. Wir sollten also darauf achten, dass unsere Ressourcen ausreichen, wenn wir uns in die Dschungelgebiete unseres inneren Gartens wagen. Von daher gilt auch hier, dass es hinderlich ist, etwas erzwingen zu wollen. Wir brauchen den Fluss nicht anzuschieben – er fließt von allein und in seinem eigenen Tempo.

Um den inneren Auftauprozess unterstützen und regulieren zu können, haben sich zwei Ressourcen als besonders wirksam erwiesen: Selbstmitgefühl und eine innere Zuflucht – ein sicheres Basislager, zu dem wir jederzeit zurückkehren können, wenn wir uns zu weit vorgewagt haben.

Selbstmitgefühl

*Es stellt einen radikalen Wandel dar,
wenn wir jedwede Reaktivität, die wir erleben,
umarmen, anstelle sie zum Feind zu machen. Statt zu sagen:
Ich muss darüber hinwegkommen, ich muss das loswerden oder
ich muss das heilen, begegnen wir diesen automatischen Reaktionen
und sehen sie als unsere Lebenskraft, die sich durch uns ausdrückt
und sagt: Sieh mich, lass mich zu. Unsere Befreiung, unsere Freiheit
liegt darin, unseren größten Ängsten mit zulassender Präsenz
zu begegnen. Die Handlung, sich dem zuzuwenden, was wir als
Blockade in unserem Leben erfahren,
ist der Akt des Selbstmitgefühls.*

Robert Gonzales

Nicht an Bedingungen geknüpfte Liebe oder bedingungsloses Wohlwollen sind wie gesagt so etwas wie die Sonne für unseren inneren Garten. Sie sind ein Aspekt unseres wahren Wesens, des goldenen Buddha unter der Tonschicht, und von daher müssen wir uns diese Qualitäten nicht erwerben oder verdienen, sondern sie sind nur verborgen unter ebenjener Ton- oder, vielleicht noch besser, unter der Eisschicht, die sich um unser Herz gebildet hat. Das Bedürfnis, bedingungslos geliebt zu werden, ist vermutlich das wichtigste Grundbedürfnis überhaupt, und zwar nicht nur für Kinder, sondern auch noch für uns Erwachsene, vor allem wenn wir nicht genügend dieser bedingungslosen Liebe erfahren haben. Nicht wirklich gesehen worden zu sein ist zutiefst schmerzhaft, und diese Verletzung mussten wir einfrieren, da wir als kleine Kinder nicht die Möglichkeit hatten, sie zu verarbeiten.

Wenn nun der Auftauprozess beginnt, kommen wir vielleicht nicht gleich mit dem goldenen Buddha und dem wohligen Gefühl, geliebt zu sein, in Kontakt, sondern das freiwerdende Wasser verbindet sich mit der Erde zu Lehm, der sich nicht unbedingt gut anfühlt. Vielleicht sind wir erst einmal besonders dünnhäutig, aufbrausend oder auch traurig, ohne zu wissen, warum. Das bedeutet nicht, dass wir etwas falsch machen oder dass die Meditationspraxis nicht funktioniert – im Gegenteil, es ist der Beginn der Heilung.

Wie kann uns in dieser Situation Selbstmitgefühl helfen, und was ist das eigentlich? Eine Definition, die mir gut gefällt, ist die, dass sich Liebe, wenn sie auf Schmerz oder Leid trifft, in Mitgefühl verwandelt, und Mitgefühl in diesem Sinne ist mehr, als einfach nur das Leid oder den Schmerz in einem anderen Menschen zu fühlen, sondern es hat auch eine aktivierende Qualität. Es regt in uns den Wunsch an, das Leiden zu lindern. Beim Selbstmitgefühl heißt dies demnach, dass wir uns selbst in wohlwollendem, warmherzigem Gewahrsein halten, wenn wir es gerade schwer haben, und uns selbst Mitgefühl und Fürsorge zukommen lassen. Ein erster Schritt hierzu ist die bereits genannte Einladung, sich eine Hand auf den Brustraum und eine auf den Bauch zu legen, die Wärme zu spüren und uns auf diese Weise warmherzige Zuwendung zu schenken. Nicht, weil wir das unangenehme Gefühl loswerden wollen (das wäre dann wieder ein Widerstand, und sei er noch so subtil), sondern weil wir es gerade schwer haben.

Eine andere sehr wirkungsvolle Möglichkeit bietet die sogenannte Selbstmitgefühlspause (siehe unten), die ebenfalls Teil des MSC-(Mindful-Self-Compassion-)Programms ist, wobei ich sie hier etwas abgewandelt habe. Sie besteht im Wesentlichen aus drei Teilen, die Sie am besten für eine Weile praktizieren, um damit vertraut zu werden. Mit der Zeit steht Ihnen diese Praxis dann auch in schwierigen alltäglichen Situationen unmittelbar zur Verfügung. Dann benötigen Sie nicht mehr viel

Zeit, sondern es reichen vielleicht ein paar Sekunden, um diese fürsorgliche Qualität sich selbst gegenüber wachzurufen.

Eine Selbstmitgefühlspause können Sie jederzeit anwenden, wenn Sie in einer schwierigen Lage sind. Um sich mit dieser Praxis vertraut zu machen, wenden Sie sich am besten einer aktuellen Situation in Ihrem Leben zu, die Ihnen Stress verursacht. Sie können sich aber auch noch einmal in eine problematische Szene in der Vergangenheit hineinversetzen. Wenn es in Ihrem Leben gerade keinen nennenswerten Stress gibt und es Ihnen schwerfällt, den Druck einer vergangenen Situation wieder wachzurufen, ist das natürlich nicht tragisch. Sie können den Ablauf der Selbstmitgefühlspause sozusagen auch »trocken« einüben, sodass Sie sich daran erinnern werden, sobald Sie tatsächlich mit einer solchen Erfahrung konfrontiert sind.

Die Selbstmitgefühlspause

Denken Sie an eine Situation in Ihrem Leben, die schwierig oder herausfordernd ist. Das kann ein Konflikt mit einem Partner, einem Kind oder am Arbeitsplatz sein, ein Gesundheitsproblem oder eine auf andere Weise schwierige Ausgangslage.

Wählen Sie bitte eine Situation, die nur leicht oder mittelmäßig unangenehm und kein riesiges Problem für Sie ist. Wir wollen erst einmal im seichten Wasser üben, bevor wir uns weiter ins Tiefe hineinwagen.

Wenn Sie ein Beispiel gefunden haben, erforschen Sie es ein wenig. Was löst diese Vorstellung in Ihnen aus? Können Sie das Unbehagen im Körper spüren? Falls nicht, haben Sie vielleicht eine zu kleine Herausforderung gewählt. Schauen Sie in diesem Fall, ob Sie eine etwas größere finden können.

Wo spüren Sie das Unbehagen im Körper? Dann können Sie anerkennen, dass diese Angelegenheit unangenehm oder schmerzlich ist. Sie können zum Beispiel zu sich sagen: »Uff – das ist hart!« Oder »Autsch – das tut weh!« Damit erkennen Sie an, dass dies eine stressige Situation ist, statt gleich in den Widerstand dagegen zu gehen. Sagen Sie dann zu sich selbst: »So fühlt es sich also an, wenn ein Mensch schwierige Zeiten erlebt.« Sie können hier auch konkreter nennen, was Ihre Erfahrung ist: »… wenn ein Mensch enttäuscht ist«, »… verletzt ist« – oder was immer in Ihnen ausgelöst wurde.

Legen Sie dann wieder eine Hand auf Ihren Brustraum und eine auf den Bauch oder auch eine Hand über der anderen auf den Brustraum, und spüren Sie die Wärme und den sanften Druck Ihrer

Hände. Wenn sich das für Sie nicht richtig anfühlt, können Sie Ihre Hände auch an Ihre Wangen oder eine andere Stelle führen, die angenehm ist und Ihnen guttut.

Sagen Sie dann zu sich selbst: »Möge ich freundlich mit mir sein.«

Sie können diese Worte auch so abwandeln, dass sie passend für Sie sind. Zum Beispiel: »Möge ich mich so annehmen, wie ich bin.« Oder wenn Ihnen das noch zu anspruchsvoll erscheint:

- »Möge ich lernen, mich so anzunehmen, wie ich bin.«
- »Möge ich sicher und geborgen sein.«
- »Möge ich stark sein.«
- »Möge ich mir selbst verzeihen.«

Falls es Ihnen schwerfällt, geeignete Worte zu finden, vergegenwärtigen Sie sich einen Menschen, dessen Wohl Ihnen am Herzen liegt und der sich in einer ähnlichen Situation befindet. Was würden Sie zu dieser Person sagen? Welche Worte würden Sie ihr aus Ihrem Herzen heraus zukommen lassen? Vielleicht können Sie diese Worte auch an sich selbst richten.

Nehmen Sie sich anschließend etwas Zeit, und reflektieren Sie noch ein wenig, was diese Praxis in Ihnen bewirkt hat. Hat sich etwas verändert, wenn Sie an die von Ihnen gewählte schwierige Situation oder Begebenheit denken? Vielleicht in Ihrer inneren Haltung ihr gegenüber? Oder in Ihrem Körper? Das muss nicht sein, es geht nicht darum, etwas zu ändern, sondern offen und neugierig zu sein, so gut es eben geht.

Eine *Zuflucht finden*

Unser Geist braucht einen Anker, das heißt einen Fixpunkt, auf den er sich beziehen kann. Unsere mentalen Probleme werden zum größten Teil dadurch verursacht, dass unsere Gedanken von einer Sache zur anderen springen, oder durch die ständige Beschäftigung mit deprimierenden oder negativen Gedanken oder Gefühlen. Wenn wir das feststellen, können wir unserem Geist einen Ankerplatz anbieten – einen neutralen und ruhigen Fixpunkt.

Christopher Germer

Eine Zuflucht ist so etwas wie ein innerer Ort, an dem wir uns sicher, geborgen und genährt fühlen können. Wenn wir es schwer haben, eine unangenehme Erfahrung machen oder auf andere Weise mit der Härte des Lebens konfrontiert werden, brauchen wir eine Zuflucht. Wie diese bei Ihnen aussieht, können nur Sie herausfinden – und Sie sind auch die Person, die Ihre Zuflucht so gestalten kann, dass sie genau auf Sie und Ihre Bedürfnisse zugeschnitten ist.

Vielleicht vermittelt Ihnen ein bestimmter Mensch oder ein anderes Lebewesen das Gefühl, sich sicher und geborgen zu fühlen – oder wenn Sie mit Ihrer Katze oder Ihrem Hund auf dem Sofa sitzen. Meine

Lebensgefährtin ist eine Zuflucht für mich und inzwischen auch mein erwachsener Sohn. Und ich bin eine Zuflucht für ihn. Orte können ebenfalls Zufluchten sein, wie etwa ein Platz in der Natur, Ihr Zuhause, ein Lieblingscafé oder eine Kirche.

Auch Erinnerungen können eine Zuflucht sein, wenn Sie diese noch einmal in sich wachrufen. Das könnte eine Situation sein, in der Ihr Baby oder Ihr Enkel friedlich in Ihren Armen eingeschlafen ist, oder eine andere Erinnerung, die Ihnen das Gefühl von Geborgenheit vermittelt. Für viele Menschen ist die Zuwendung zu etwas Heiligem oder Göttlichem eine tiefe Zuflucht. Eine besonders wichtige Zuflucht ist, Ihr eigenes grundlegendes Gutsein anzuerkennen. Das heißt nicht, dass wir unsere Schwächen und Fehler verdrängen und so tun, als wären wir perfekt – im Gegenteil, diese Anerkennung unseres grundlegenden Gutseins gibt uns die Kraft und den Mut, uns auch den schwierigeren Aspekten unserer Psyche zuzuwenden. Unsere guten Absichten, unsere Freundlichkeit und unser Engagement, uns um unseren inneren Garten zu kümmern und ihn aufblühen und Früchte tragen zu lassen, sind Tatsachen; und indem wir dies anerkennen, werden sie zu einer zuverlässigen Quelle der Zuflucht.

Darüber hinaus gibt es auch kleine alltägliche Möglichkeiten, Unterschlupf zu suchen. Diese Momente werden dadurch zu einer Zuflucht, dass wir sie bewusst wahrnehmen und uns der Erfahrung überlassen und sie auskosten. Das kann eine Tasse Cappuccino oder Tee sein, eine bewusst gehörte Musik oder das Zwitschern der Vögel am Morgen, bevor Sie aufstehen. Diese oder ähnliche Momente können zu kleinen Oasen werden, in denen wir immer wieder Obdach finden, uns nähren und stärken können.

Im Alltag gibt es beständig so viel zu tun, dass wir leicht in den Erledigungsmodus geraten – gesteuert von einer Art Autopilot –, in dem wir alles, was zu bewältigen ist, möglichst schnell hinter uns bringen wollen. Dies führt zu einer Art Getriebenheit, in der wir nie wirklich anwesend sind für das, was wir gerade machen, sondern unser Geist überwiegend damit beschäftigt ist, was sonst noch alles zu bewältigen ist.

Ich übertreibe nun ein wenig, um dieses Phänomen noch deutlicher zu machen: Wir wachen morgens auf, und noch bevor wir im Bett »angekommen« sind, ist unser Geist schon damit beschäftigt, was alles zu tun ist. Je nachdem, was da auf uns wartet, schleppen wir uns schließlich unter die Dusche und halten innerlich eine Konferenz mit Leuten, die wir ansonsten sicher nicht mit unter die Dusche nähmen. Das warme Wasser auf unserer Haut, den Duft des Duschgels oder des Shampoos, für das wir vielleicht sogar einiges Geld ausgegeben haben, nehmen wir kaum wahr. Im Erledigungsmodus gefangen, sind wir nicht präsent für unsere aktuelle Erfahrung – unser Leben im gegenwärtigen Moment –, und dies führt leicht zu einer chronischen Unzufriedenheit. Wir sind nicht wirklich lebendig, sondern wir funktionieren nur.

In einer groß angelegten Studie wurden tausend Teilnehmende mit einem Smartphone ausgestattet, auf das ihnen immer mal wieder eine Nachricht gesendet wurde. Dann sollten sie angeben, was sie gerade tun, ob sie bei der Sache anwesend und wie zufrieden oder glücklich sie sind. Das Ergebnis lautete, dass die allermeisten Menschen kaum die halbe Zeit bei ihrer augenblicklichen Beschäftigung präsent sind. Das Spannende jedoch war, dass ihre Zufriedenheit, ihr Gefühl, glücklich zu sein, unabhängig von dem war, was sie gerade machten, sondern davon abhing, wie präsent sie waren.

Falls Sie das Buch *Momo* von Michael Ende gelesen oder den Film gesehen haben, erinnern Sie sich vielleicht an den Straßenkehrer

Beppo. Wenn er Besenstrich für Besenstrich ausführte, war die ganze Straße irgendwann gefegt, und er war sozusagen bei sich selbst zu Hause und zufrieden. Dachte er aber daran, was noch alles zu fegen war, ging sein Gleichmut verloren, und er war getrieben und unzufrieden. Das hatte er gelernt, und so ließ er sich von da an nicht mehr aus der Ruhe bringen, egal, wie viel noch zu fegen war.

Diese Lebensweisheit gilt natürlich grundsätzlich, aber für den Anfang können wir sie vor allem für unsere Oasen der Zuflucht nutzen. Wenn Sie auf eine solche Oase stoßen, steigen Sie für einen Moment aus dem Erledigungsmodus aus und lassen sich etwas Zeit, um zu erspüren, wie sich die jeweilige Zuflucht anfühlt. Erlauben Sie sich einen oder ein paar Atemzüge des Verweilens bei dieser Oase, und kosten Sie die Erfahrung aus – vielleicht sogar mit einem kleinen Seufzer der Erleichterung und des Wohlbefindens.

Nachdem Sie sich dies eine Weile lang immer wieder erlaubt haben, wird es zunehmend leichter und selbstverständlicher, einen solchen inneren Ort der Zuflucht aufzusuchen, selbst wenn Sie gerade mit schwierigen Erfahrungen konfrontiert werden. Es ist, wie an einem geschützten Ort zu stehen und einem Sturm zuzuschauen. Irgendwann wird das Unwetter vorüberziehen, wie es auch die meisten Schwierigkeiten zu tun pflegen, während Sie gelassen bleiben und sich nicht aus der Ruhe bringen lassen.

Die folgende Übung ist eine wirkungsvolle Möglichkeit, solche Oasen der Zuflucht in Ihrem inneren Garten entstehen zu lassen.

Zuflucht nehmen

Suchen Sie sich etwas aus, was eine Zuflucht für Sie bedeuten könnte. Das mag ein schöner Ort in der Natur oder woanders sein, an dem Sie sich besonders wohlfühlen. Oder die Erinnerung an eine Person, der Sie sich verbunden fühlen und die vielleicht an einer bestimmten Stelle in Ihrem Leben wichtig für Sie war oder noch ist. Öffnen Sie sich dann für die Gefühle und Empfindungen, die in Verbindung mit dieser Zuflucht stehen. Entwickeln Sie ein Gefühl dafür, eine Zuflucht zu haben, und bleiben Sie für ein paar Atemzüge bei dieser Erfahrung, so gut es eben geht.

Versuchen Sie, die Zuflucht für sich zu benennen, wie etwa: »Ich nehme Zuflucht zu …« Spüren Sie, wie sich das anfühlt, und erlauben Sie dem Gefühl der Zuflucht, sich in Ihrem Inneren auszubreiten wie ein wohltuender Balsam. Versuchen Sie dieses Benennen auch mit anderen Zufluchten.

Erkunden Sie, wie es ist, eine Zuflucht als etwas anzusehen, das nicht »dort drüben«, nicht von Ihnen getrennt ist, sondern vielmehr als etwas, das bereits in Ihnen gegenwärtig ist. Mit der Zeit kann eine Zuflucht sich als ein heilsamer, wohltuender Strom anfühlen, der Sie sicher trägt.

Selbst wenn sich das Gefühl einer Zuflucht nur ganz subtil einstellt – lassen Sie sich hineinsinken, so gut es geht, während dieses Gefühl gleichzeitig in Sie hineinsinkt.

Uns selbst *zur Seite stehen*

Wenn ich nicht für mich bin, wer ist dann für mich?
Wenn nicht jetzt, wann sonst?
Rabbi Hillel

Sich selbst treu zu sein und zur Seite zu stehen, wenn es hart wird, ist eine weitere wichtige Qualität, wenn wir mit uns selbst Freundschaft schließen möchten. Das gilt sowohl für Konflikte mit anderen Menschen als auch gegenüber kritischen inneren Stimmen, die uns attackieren. Diesen werden wir uns im dritten Teil noch näher widmen, aber um gut vorbereitet in solche Auseinandersetzungen zu gehen und dabei nicht in die rote Zone zu geraten, ist es sinnvoll, eine innere Stärke zu kultivieren, die uns den Rücken stärkt. Dabei kann die folgende Reflexion eine wertvolle Unterstützung sein.

Sich selbst zur Seite stehen

Können Sie sich an eine Situation erinnern, in der Sie jemandem zur Seite standen? Vielleicht einem kranken Kind, um das Sie sich gekümmert oder das Sie getröstet haben, oder einer Freundin, der es gerade nicht gut ging. Versetzen Sie sich dann, so gut es geht, noch einmal in diese Situation hinein. Wie haben Sie das empfunden? Erinnern Sie sich vielleicht noch an einige Ihrer Gedanken und Regungen? Wie hat sich Ihr Herz angefühlt? Vielleicht mitfühlend, offen und warm? Und können Sie spüren, wie sich das im Körper angefühlt hat?

Schauen Sie dann, ob Sie sich mit derselben inneren Haltung sich selbst zuwenden können. Es ist nicht ungewöhnlich, wenn zunächst Widerstände oder andere Reaktionen auftauchen, wie etwa der Gedanke, dass Sie eine solche Fürsorge nicht verdienen. Nehmen Sie solche Reaktionen einfach wahr, lösen Sie sich von ihnen, und kehren Sie dann sanft, aber bestimmt zu der inneren Haltung des Wohlwollens und Mitgefühls für sich selbst zurück. Halten Sie diese innere Haltung, so gut es geht, für ein paar Atemzüge in Ihrem Gewahrsein.

Erinnern Sie sich dann an Situationen, in denen Sie sich selbst zur Seite standen. Vielleicht, als Sie bei der Arbeit Ihre Meinung sagten, obwohl das nicht leicht war. Oder Sie haben einer nahestehenden Person mitgeteilt, dass es Sie verletzt habe, was sie getan hat. Wie fühlte sich das an? Vielleicht waren Sie aufgeregt, fanden aber doch den Mut, sich zu äußern? Wie hat sich das im Körper angefühlt?

Verweilen Sie wieder für ein paar Atemzüge bei dieser Erfahrung, und machen Sie sich bewusst, wie es sich anfühlt, zu sich selbst zu stehen. Wenn das sehr schwierig ist, macht das nichts. Sie können auch die Frage in sich sinken lassen, wie es sich anfühlen würde, zu sich selbst zu stehen. Eine Ahnung für diese innere Haltung zu bekommen und dann für ein paar Atemzüge bei ihr zu verweilen reicht aus. Jedes Tröpfchen lässt diese Qualität ein wenig in Ihrem inneren Garten wachsen.

Bedingungsloses Wohlwollen *und radikale Akzeptanz*

Das Ziel der Praxis ist es,
ein mitfühlendes Fiasko zu werden.
Das heißt, zutiefst menschlich zu sein – oft kämpfend,
unsicher oder verwirrt – mit großem Mitgefühl.

Rob Nairn

Wie im ersten Teil dieses Buches erwähnt, verlieren die meisten Menschen schon in jungen Jahren den Kontakt zu ihrem wahren Selbst und entwickeln eine Persönlichkeit. Mit dieser identifizieren wir uns dann und fühlen uns bedroht, wenn an unserem Selbstbild gekratzt wird. Darunter liegen tiefe Selbstzweifel und die Angst, nicht wirklich liebens-

wert zu sein oder in vielerlei Hinsicht nicht zu genügen. Da wir nicht wirklich gesehen wurden und Zuwendung überwiegend mit dem Erfüllen von Erwartungen verbunden war, befürchtet ein Teil von uns, diese Erwartungen letztlich nicht erfüllen zu können; und damit das möglichst niemand merkt, strengen wir uns sehr an, sind hart mit uns selbst und hungern nach Anerkennung, die dieses Loch in unserer Seele jedoch nicht füllen kann, selbst wenn wir sie bekommen. Gleichzeitig entsteht eine bodenlose Angst, ausgestoßen zu werden – das schwarze Schaf unter lauter weißen Schafen zu sein, das niemand mag. So versuchen wir uns anzupassen und die Erwartungen so gut wie möglich zu erfüllen, was aber letztendlich nie gelingen kann.

Die Forscherin und Autorin Brené Brown bringt dies in ihrem Buch *Die Gaben der Unvollkommenheit* sehr treffend auf den Punkt:

Die meisten von uns benutzen die Begriffe »sich anpassen« und »dazugehören« synonym. Wie so viele bin ich wirklich gut darin, mich anzupassen. Wir wissen genau, wie wir uns anstrengen müssen, um Anerkennung und Akzeptanz zu bekommen. Wir wissen, was wir anziehen müssen, worüber wir sprechen müssen, wie wir Menschen glücklich machen können, was wir besser unerwähnt lassen sollten – wir wissen, wie wir uns wie ein Chamäleon durch den Tag bewegen. Die Erkenntnis, dass sich anzupassen und dazuzugehören nicht dasselbe sind, und dass Anpassung der Zugehörigkeit sogar im Wege steht, war eine der größten Überraschungen … Bei Anpassung geht es darum, eine Situation zu bewerten, und zu der Person zu werden, die du sein musst, um akzeptiert zu werden. Zugehörigkeit erfordert hingegen nicht, dass wir ändern, wer wir sind; es erfordert von uns zu sein, wer wir sind.

Ein besonders eindrückliches Beispiel für dieses Phänomen hat mir ein Bekannter über einen guten Freund erzählt, der einen Nobelpreis verliehen bekommen hatte. Zu dessen Verleihung kam auch seine betagte Mutter, die mit einem grimmigen Gesicht in einer der hinteren Reihen saß und vor sich hin brummelte: »Warum nicht Medizin?« Dieser Mann war brillant, aber alles andere als glücklich. Egal, was er leistete, für seine Eltern war es nie genug gewesen, und dies sein Leben lang. Er konnte sich über seine Erfolge und die öffentliche Anerkennung nicht wirklich freuen, denn eine tiefe Scham, grundsätzlich nicht zu genügen, verhinderte dies.

Dieses Beispiel macht deutlich, wie verletzend und schmerzlich dieses Schamgefühl ist und dass selbst die größten Erfolge es höchstens kurzfristig überdecken können. Eher machen große Erfolge die Sache noch schlimmer, da sie uns ahnen lassen, dass all diese Anstrengungen, die Erwartungen zu erfüllen, ein hoffnungsloses Unterfangen sind.

Was uns wirkliche innere Erfüllung bringt, ist der Kontakt zu unserem wahren Selbst und ein Leben im Einklang mit diesem. Dabei kann uns die sogenannte Metta-Meditation einen wunderbaren Weg eröffnen. Das Wort *metta* kommt aus dem Pali – der Sprache, in der die Lehrreden des Buddha viele Jahre nach seinem Tod aufgeschrieben wurden. Bis dahin wurden sie nur mündlich weitergegeben. *Metta* wird meist mit »liebende Güte« übersetzt, ein Begriff, der diese Qualität zwar treffend beschreibt, mit dem die meisten Menschen heutzutage aber wenig

anzufangen wissen. Wenn es Ihnen ähnlich geht, kommen Sie vielleicht mit der Bezeichnung »bedingungsloses Wohlwollen« besser zurande. Dabei geht es wie gesagt nicht darum, unsere Schattenseiten zu verleugnen – im Gegenteil: Zu wissen, dass wir im Kern unseres Wesens gut und liebenswert sind, gibt uns bekanntlich erst den Mut und die Kraft, uns den dunklen Aspekten unserer Persönlichkeit zu stellen und uns um die verbannten und unterdrückten Aspekte liebevoll zu kümmern.

Als Kinder waren wir darauf angewiesen, von unseren Eltern geliebt zu werden, und dies auf eine Art und Weise, dass wir diese Liebe auch fühlen. Wie es in der Bindungsforschung heißt, müssen wir uns in der Beziehung zu unseren Eltern sicher und gefühlt beziehungsweise gesehen wissen. Das ist leicht nachzuempfinden: Wenn wir uns in einer Beziehung einerseits sicher fühlen und keinerlei Befürchtung haben müssen, dass wir aus der Liebe herausfallen könnten, und uns gleichzeitig als gefühlt, gesehen und verstanden empfinden, dann können wir uns öffnen und aufblühen. Wir fühlen uns verbunden und wahrhaft zugehörig und brauchen uns nicht zu verbiegen oder uns ausgesprochenen oder unterschwelligen Erwartungen anzupassen.

Wie Dan Siegel es so eindrücklich beschrieben hat, sieht das etwas anders aus, wenn wir erwachsen sind. Wie wir von den uns wichtigen Erwachsenen gesehen wurden, hat unser Selbstbild und Selbstgefühl zwar maßgeblich geprägt, aber wenn wir beginnen, die Sonne und den warmen Regen des bedingungslosen Wohlwollens auf unseren inneren Garten scheinen beziehungsweise regnen zu lassen, werden unser wahres Selbst und die Geistesqualitäten, die mit diesem verbunden sind, sich in ihrer Zeit zu regen und zu wachsen beginnen. Und genau diesem Zweck dient die Metta-Meditation.

Kontemplative Meditation: Freundlichkeit mit sich selbst kultivieren (Metta-Meditation)

Gehen Sie an einen Ort, an dem Sie für mindestens zehn Minuten möglichst ungestört sein können, und setzen Sie sich aufrecht und entspannt auf einen Stuhl, ein Meditationskissen oder Bänkchen. Lassen Sie sich dann ein wenig Zeit, sich den Willkommensteppich auszurollen.

Schließen Sie die Augen, wenn das angenehm für Sie ist, und richten Sie Ihre Aufmerksamkeit sanft auf Ihre Herzregion in der Mitte der Brust. Zur Unterstützung können Sie auch eine oder beide Hände (eine über der anderen) auf diese Stelle legen und die Wärme spüren, die von Ihren Händen ausgeht. Gleichzeitig können Sie die Atembewegung unter Ihren Händen wahrnehmen.

Denken Sie nun an einen Menschen oder ein Wesen (das kann auch ein geliebtes Haustier sein), dessen Wohl Ihnen am Herzen liegt, sodass es ganz natürlich ist, dass Sie diesem Menschen Gutes wünschen, wenn Sie an ihn denken. Lassen Sie sich etwas Zeit zu spüren, wie es sich auch im Körper anfühlt, sich mit einem Menschen verbunden zu fühlen, und lassen Sie dieses Gefühl sich ausbreiten wie einen warmen Balsam. Sie können diesem Menschen auch innerlich zulächeln und dann die folgenden Sätze an ihn richten:

- »Mögest du sicher und geborgen sein.«
- »Mögest du glücklich sein.«
- »Mögest du mit Freude und Leichtigkeit leben.«
- »Mögest du in Frieden sein.«

Spüren Sie, wie es sich anfühlt, wenn Sie jemandem Gutes wünschen. Wiederholen Sie die Sätze ein paarmal, und lassen Sie sich, so gut es geht, in das Gefühl der Verbundenheit sinken und es in sich ausbreiten.

Lassen Sie sich dann etwas Zeit, sich von dieser Person zu verabschieden, und kommen Sie wieder zu sich selbst zurück. Erinnern Sie sich nun, so gut es geht, an Ihr eigenes angeborenes Gutsein. Wir alle sind offen und verletzlich und mit einzigartigen menschlichen Qualitäten auf die Welt gekommen. Diese Qualitäten werden oft überdeckt, verdunkelt oder hinter dicken Mauern des Selbstschutzes versteckt, während wir aufwachsen. Vergegenwärtigen Sie sich, dass Ihnen wie allen Menschen diese Güte innewohnt. Falls Ihnen das schwerfällt, denken Sie an eine positive Eigenschaft, die Sie besitzen, oder eine gute Tat, die Sie ausgeführt haben und die es Ihnen erlaubt, sich selbst in einem positiven Licht zu sehen. Oder wenn Ihnen das künstlich oder unecht vorkommen sollte, verbinden Sie sich einfach mit Ihrem grundlegenden Wunsch, glücklich zu sein.

Dann richten Sie die folgenden Worte an sich selbst und lassen sie tief in sich hineinsinken wie einen Kieselstein in einen tiefen Brunnen. Oder stellen Sie sich vor, dass Ihr Atem die Bedeutung dieser Worte ohne Ihr Dazutun mitnimmt und im ganzen Körper verteilt:

- »Möge ich sicher und geborgen sein.«
- »Möge ich glücklich sein.«
- »Möge ich mit Freude und Leichtigkeit leben.«
- »Möge ich in Frieden sein.«
- »Möge ich lernen, mich so anzunehmen und zu lieben, wie ich bin.«

Wiederholen Sie diese Sätze mehrere Male so ehrlich gemeint wie möglich. Wenn sich kritische Stimmen in Ihnen melden, die etwas einzuwenden haben, ist das ganz normal. Sie können diese Einwände registrieren, kommen aber immer wieder zu den Sätzen zurück.

Sollten Sie den Eindruck haben, dass diese Worte wie gegen eine Wand prallen und nicht bei Ihnen ankommen, können Sie sich vorstellen, dass sie jemand zu Ihnen sagt, von dem Sie wissen, dass er diese Worte wirklich so meint. Das kann ein Mensch sein, von dem Sie wissen, dass Ihr Wohl ihm am Herzen liegt, oder auch eine Person oder ein Wesen, von dem Sie wissen, dass es dieses bedingungslose Wohlwollen wirklich verkörpert – wie Jesus, der

Buddha, Gandhi, Mutter Teresa oder wer auch immer für Sie in dieser Hinsicht glaubwürdig ist.

Wenn Sie bereit sind, diese Meditation zu beenden, spüren Sie sich noch einmal als ein Ganzes – Ihren gesamten Körper hier in diesem Zimmer und den Kontakt zum Stuhl oder Kissen, auf dem Sie sitzen. Lassen Sie sich dann wieder etwas Zeit, den »Dehn- und Rekelbedürfnissen« Ihres Körpers nachzukommen, öffnen Sie sanft die Augen, und wenden Sie sich Ihrem Alltag zu.

Auch über den Tag hinweg können Sie diese Sätze immer mal wieder an sich selbst richten. Ganz besonders dann, wenn Ihr innerer Kritiker, Antreiber oder Perfektionist Sie drangsaliert hat. Dabei müssen es nicht immer alle Sätze sein – es reicht, wenn Sie jedem Urteil hinzufügen: »Möge ich freundlich mit mir sein.« Oder: »Möge ich lernen, mich so anzunehmen, wie ich bin.«

Wie alle Übungen, die eine neue oder ungewohnte innere Haltung kultivieren, kann es eine Weile dauern, bis diese wohlwollenden Sätze wirklich bei uns landen. Wenn Sie diese Qualitäten häufiger in Ihrem inneren Garten »gießen«, werden sie mit der Zeit wachsen und immer selbstverständlicher werden.

Wir tragen in uns die Wunder,
die wir außerhalb von uns suchen.

Dschalal ad-Din Rumi

Vielleicht haben Sie schon bemerkt, dass unser Geist uns ständig Geschichten erzählt. Über uns, über andere Menschen, über die Welt. Es ist wie ein ständiger Kommentar in unserem Kopf, der alles und jedes interpretiert und bewertet. Das geschieht völlig automatisch; und falls wir alles glauben, was unser Geist uns so erzählt, haben wir ein Problem. Denn wenn wir genauer hinsehen, werden wir feststellen, dass diese Kommentare häufig herzlich wenig mit uns, den anderen Menschen und der wirklichen Situation zu tun haben, die wir gerade erleben.

Jon Kabat-Zinn spricht häufig davon, dass Achtsamkeit ein wohlwollendes, absichtsvolles und nicht urteilendes Gewahrsein im gegenwärtigen Moment ist. Daraus könnten wir den voreiligen Schluss ziehen, dass wir nicht urteilen sollten. Das wird allerdings mit Sicherheit nicht funktionieren. Vielmehr wird das nächste Urteil sein, dass wir schon wieder geurteilt haben. Wie gesagt – Achtsamkeit können wir nicht »tun«. Wir können sie nicht mit unserem Willen »herstellen«, sondern diesen Seinsmodus nur einladen, indem wir eine wohlwollende, offene und interessierte innere Haltung uns selbst und unserer Erfahrung gegenüber kultivieren.

Das ist nicht immer leicht. Wenn Sie damit beginnen, sich selbst mit mehr Warmherzigkeit und Wohlwollen zu begegnen, hören Sie die inneren kritischen Stimmen vielleicht noch lauter und deutlicher. Jedes System wehrt sich gegen Veränderungen, und diese Stimmen wollen Sie wie gesagt vielleicht sogar davor beschützen, mit Gefühlen konfrontiert zu werden, die schon früh in Ihrem Leben eingefroren werden mussten, weil sie einfach unerträglich waren. Und diese Stimmen oder Aspekte Ihrer Persönlichkeit werden alles tun, um zu verhindern, dass Sie so etwas jemals wieder fühlen müssen.

Es ist völlig normal, wenn Sie solche Reaktionen auf die Achtsamkeits- oder Metta-Praxis bemerken. Vorläufig registrieren Sie es wieder einfach, wenn derartige Kommentare oder kritische Stimmen in Ihrem Geist erscheinen. Nehmen Sie sie möglichst nur zur Kenntnis, und versuchen Sie nicht, sie loszuwerden. Erinnern Sie sich daran, dass Sie nichts verändern müssen – Sie kommen einfach unbeirrbar immer wieder darauf zurück, eine möglichst offene, warmherzige Qualität in Ihrem Geist zu gießen. Sie könnten sich sogar bei diesen Stimmen bedanken und dann sanft, aber beharrlich wieder zu Ihrer Praxis zurückkehren.

Wenn Sie bemerken sollten, dass die Stimmen übermächtig werden oder Sie mit ihnen hadern und gegen sie zu kämpfen beginnen, brechen Sie die Praxis vorläufig ab und erlauben Sie eine Selbstmitgefühlspause oder einen kurzen Aufenthalt in einer Ihrer Zufluchten, und fragen Sie sich, wie Sie es sich leichter machen können. Jegliche Form von Kampf oder selbst subtiler Gewalt ist nicht hilfreich und auf jeden Fall überflüssig.

Die drei emotionalen *Regulationssysteme*

Die aktuelle Gehirnforschung hilft uns heute, immer besser zu verstehen, was eigentlich in unserem Gehirn geschieht, wenn wir verschiedene Emotionen erleben. Natürlich ist die Funktionsweise unseres Gehirns eine komplizierte Angelegenheit – wie wir bereits sagten, ist es schließlich das komplexeste System, das bisher im Universum entdeckt wurde. Um besser zu verstehen, wie sich unsere Emotionen auf uns auswirken, wo Mitgefühl und emotionale Ausgeglichenheit ihren Ursprung haben und wie dieses Gleichgewicht verloren geht, ist es von daher sinnvoll, die Zusammenhänge etwas vereinfacht darzustellen.

All unsere Emotionen haben sich im Laufe unserer Evolution zu einem bestimmten Zweck entwickelt, aber natürlich finden ständig komplexe Wechselwirkungen zwischen den verschiedenen Arten von Emotionen statt. Dabei hat sich gezeigt, dass wir mindestens drei Kategorien beziehungsweise Regulationssysteme von Emotionen unterscheiden können. Wenn wir diese besser verstehen, verstehen wir auch, auf welche Weise Selbstmitgefühl einige unserer schwierigen Gefühle regulieren und abmildern kann.

Es ist schon faszinierend zu sehen, wie der Buddha zwei dieser drei Kategorien von Emotionen schon vor 2500 Jahren als Ursachen für Leiden beschrieben hat: der Widerstand gegen alles, was unangenehm, und das Verlangen nach und Anhaften an den Dingen und Zuständen, die lustvoll oder angenehm sind. Heute können wir das auch wissenschaftlich begründen – wie der Neuropsychologe und Meditationslehrer Rick Hanson so anschaulich beschreibt, war Mutter Natur das Überleben der Lebewesen wichtiger als ihr Glück oder ihre innere Freiheit. So haben sich tief in unserer Biologie emotionale Regulationssysteme entwickelt, die dafür sorgen, dass wir Gefahren meiden und uns gut fühlen, wenn wir Dinge bekommen, die wir haben wollen.

In der Psychologie nennen wir diesen Mechanismus »unser Bedrohungs- oder Sicherheitssystem« beziehungsweise »unser Motivations-«, »Belohnungs-« oder »Antriebssystem«. Da wir ein menschliches Gehirn haben, das sich in Jahrmillionen der Evolution entwickelt hat, können wir diese Systeme auch nicht einfach abschalten oder loswerden – aber das wäre auch nicht sinnvoll und ist zum Glück auch nicht erforderlich. Stattdessen können wir Geistesqualitäten kultivieren, die diese beiden Systeme ausbalancieren. Ist das Bedrohungssystem im Gleichgewicht, stellt sich innerer Friede ein – das Gefühl, sicher und geborgen zu sein. Ist das Motivationssystem im Gleichgewicht, stellt sich eine bedingungslose Zufriedenheit ein, die es uns erlaubt, innezuhalten, müßig zu sein und uns für unser Innenleben zu öffnen. Wir machen uns weder Sorgen oder grübeln über die Vergangenheit oder Zukunft, noch fühlen

wir uns getrieben von Verlangen. Wenn unser Bedrohungssystem aktiviert ist oder wir darauf fixiert sind, etwas haben zu wollen oder zu erreichen, ist unser Geist unruhig, eng und inflexibel. Um in den empfänglichen Modus und damit zu der Möglichkeit einer klareren Sicht zu kommen, muss sich unser Geist entspannen, müssen diese beiden emotionalen Systeme ausbalanciert sein.

Eine besondere Rolle spielt noch ein drittes emotionales System – das Verbundenheits- oder Fürsorgesystem. Dieses ist wie bei allen anderen Tierarten, die sich um ihre Nachkommen kümmern und soziale Bindungen eingehen, ebenfalls tief verwurzelt in unserer Biologie. Wenn dieses System aus der Balance gerät, fühlen wir uns isoliert, getrennt und einsam. Ist es im Lot, fühlen wir uns verbunden und zugehörig, und es stellt sich eine bedingungslose Warmherzigkeit ein – die Basis für Liebe und Mitgefühl. Sind alle drei Systeme im Gleichgewicht, kommen wir in Geisteszustände von innerem Frieden,

Zufriedenheit und Liebe oder Verbundenheit; und wenn wir uns dessen gewahr sind, öffnet sich uns ein ganzes Universum. Unser Geist wird ruhig und klar, und es können sich tiefe Einsichten einstellen. Es öffnet sich ein innerer Raum, in dem wir unter anderem auch Zugang zu unserer Essenz – unserem wahren Selbst oder unserem wahren Wesen – bekommen können.

Bevor ich Ihnen einige kontemplative Meditationen vorstelle, die dazu dienen, unsere wichtigsten emotionalen Systeme auszubalancieren, ist es sinnvoll, diese Systeme etwas näher kennenzulernen. Denn wenn wir ihren Ursprung und ihre Funktionsweise besser verstehen, ist das ein wichtiger erster Schritt, sie zu regulieren.

Das *Bedrohungssystem*

Das Bedrohungssystem hat uns als Art das Überleben gesichert. Es dient dazu, Bedrohungen und Gefahren zu erkennen und möglichst schnell auf sie zu reagieren. Emotionen, die ihren Ursprung in diesem System haben, sind vor allem Angst, Wut, Ekel, Eifersucht und innere Unruhe. Sobald es eine Bedrohung oder Gefahr wittert, überflutet dieses System unseren Körper mit den Botenstoffen Adrenalin und Cortisol und stellt uns von daher alle Ressourcen zur Verfügung, um der Gefahr zu entkommen und zu überleben. Der Höhlenmensch, der ganz entspannt und vor sich hin trällernd in jede Höhle schlenderte, ist also nicht unser Vorfahr geworden. Er konnte seine Gene nicht weitergeben, sondern wurde Nahrung für ein Raubtier, oder er wurde von einem anderen seiner Zeitgenossen erschlagen, der mit der Keule im Schatten gewartet hatte. Die Überlebenschancen stiegen deutlich, wenn man wachsam und auf der Hut war.

Damit sind allerdings auch unerwünschte Nebenwirkungen verbunden, die vor allem uns Heutigen das Leben nicht unbedingt leichter machen, denn die mit dem Bedrohungssystem verbundenen Emotionen und Handlungsimpulse sind sehr mächtig und können uns leicht überwältigen. Wenn wir zum Beispiel »rotsehen« oder »aus einer Mücke einen Elefanten machen«, ist unsere Wahrnehmung stark eingeschränkt. Wir haben mehr oder weniger einen Tunnelblick und sind abgeschnitten von den höheren Gehirnfunktionen. Für unser Überleben ist es wichtig, möglichst schnell zu reagieren und nicht erst lange nachzudenken. Dafür hat Mutter Natur drei Möglichkeiten zur Verfügung gestellt: angreifen, fliehen, wenn die Bedrohung zu übermächtig erscheint, oder erstarren, wenn beides nicht mehr möglich ist. Im Erstarrungsmodus werden unsere Lebensfunktionen heruntergefahren, sodass der Angreifer uns vielleicht für tot hält und das Interesse verliert; und gleichzeitig werden Endorphine ausgeschüttet, die uns auf einen möglichst schmerzfreien eventuellen Tod vorbereiten.

Unser Bedrohungssystem reagiert aber leider nicht nur auf Gefahren, die unser körperliches Überleben bedrohen, sondern genauso auf psychische Bedrohungen – auf Situationen und Emotionen, die wir als bedrohlich empfinden. Wenn wir zum Beispiel eine Rede halten sollen oder wir als Mutter oder Vater eines kleinen Kindes unter Zeitdruck stehen, sich das Kind jedoch weigert, seine Schuhe anzuziehen,

so sind das beides keine lebensgefährlichen Situationen. Aber unser Bedrohungssystem wird vielleicht genauso reagieren, als stünden wir einem Raubtier gegenüber. Doch leider sind weder angreifen noch fliehen oder erstarren in solchen Situationen wirklich hilfreich. Im Gegenteil – wir können nicht mehr klarsehen und verhalten uns vermutlich auf eine Art und Weise, die der Situation nicht angemessen ist. Wir geraten in die sogenannte rote Zone beziehungsweise den reaktiven Modus. Es gibt keinen Raum mehr zwischen Reiz und Reaktion, wir können nicht innehalten und abwägen, was in dieser Situation sinnvoll ist, sondern wir werden von unseren Emotionen überwältigt und reagieren automatisch. Hinterher wundern wir uns dann, sind oftmals äußerst enttäuscht von uns oder ärgern uns über uns selbst, was es uns noch schwerer macht, wieder zur Besinnung zu kommen; denn diese kritischen inneren Stimmen heizen unser Bedrohungssystem zusätzlich an.

Wichtig zu verstehen ist an dieser Stelle die Tatsache, dass dies nicht unser Fehler, nicht unsere Schuld ist. Schließlich haben wir uns diesen Überlebensmechanismus nicht selbst eingepflanzt, und auch die Bedrohungen und Verletzungen unserer Kindheit haben wir uns nicht freiwillig ausgesucht. Irgendjemand anderem dafür die Schuld zu geben hilft uns aber letztlich auch nicht weiter. Unser Bedrohungssystem hat sich wie gesagt in Jahrmillionen der Evolution entwickelt, um unser Überleben zu sichern. Für den Umgang mit emotionalen oder sozialen Bedrohungen ist es aber denkbar ungeeignet. Es ist nicht darauf ausgelegt, besonnen abzuwägen, sondern schnell zu reagieren. Und um die Sache noch komplizierter zu machen, neigt es zu einer negativen Verzerrung unserer Wahrnehmung. Unser Gehirn lernt sicherheitshalber sehr viel schneller aus negativen als aus positiven Erfahrungen – bei Ersteren sind wir Klettband, bei Letzteren Teflon. Wir nehmen die guten Seiten in unserem Leben sehr schnell als selbstverständlich wahr, sie rutschen sozusagen durch die Maschen, während die schlechten Erfahrungen hängen bleiben.

Ein paar Beispiele? Nehmen wir an, Sie hatten in Ihrem Leben viele positive Erfahrungen mit Hunden, aber dann hat Sie ein Hund unerwartet attackiert. Von da an werden in Ihrem Gehirn vermutlich die Alarmglocken losgehen, sobald sich Ihnen solch ein unbekannter Vierbeiner nähert. Oder Sie haben einen Konflikt mit einem Kind oder einem Menschen, der Ihnen sehr nahesteht. Ihre Gedanken werden sehr stark von Ihrem Ärger gefärbt sein, und die liebevollen Gefühle sind zumindest zeitweise wie weggeblasen. Und mit was beschäftigen Sie sich am Abend? Mit hoher Wahrscheinlichkeit werden sich Ihre Gedanken um diesen Konflikt drehen und nicht um die vielen positiven

Momente, die Sie vielleicht auch mit diesem Menschen hatten. Oder Sie hatten an einem Tag in Ihrem Beruf viele positive Momente und Rückmeldungen, aber von einer Person wurden Sie kritisiert?

Unser Gehirn möchte uns vor allem anderen vor Gefahren beschützen – es ist sozusagen aufs Problemelösen eingestellt. Und wenn es aktuell keine Probleme zu lösen gibt, neigt es dazu, nach möglichen Gefahren Ausschau zu halten. So wird es leider auch zum Ursprung vieler psychischer Probleme. Es neigt dazu, mit Dingen, die nicht gut gelaufen sind, oder mit sich selbst zu hadern, oder es macht sich Sorgen um die Zukunft. Wenn dies aus dem Ruder läuft, können Angststörungen und Depressionen entstehen.

Wie gesagt hat sich das Bedrohungssystem entwickelt, um akuten Gefahren zu entgehen. Das Immunsystem wird heruntergefahren, ebenso das Verdauungssystem, sodass die ganze Energie zur Verfügung

steht, um der Gefahr durch Angriff, Flucht oder Erstarren zu entgehen. Ist die Gefahr jedoch vorüber und wir haben überlebt, sollten wir eigentlich in einen ausgeglichenen Zustand zurückkehren. Haben Sie mal eine Dokumentation gesehen, in der eine friedlich grasende Herde von Gazellen oder Antilopen von einem Raubtier angegriffen wird? Stressreaktion pur – alle Tiere rasen los, um dem Raubtier zu entkommen. Wird ein Tier geschlagen oder gibt das Raubtier auf, laufen sie relativ bald aus, schütteln sich vielleicht kurz und beginnen dann wieder zu grasen. So hat sich Mutter Natur das gedacht.
Stellen Sie sich nun aber vor, wir könnten einem solchen Tier ein menschliches Gehirn geben: »Oh Mann – noch mal Glück gehabt! Aber was, wenn das Vieh mich erwischt hätte? Oder meine Kinder? Oder wenn es morgen mit seiner Verwandtschaft wiederkommt?« Käme diese Antilope so ins Grübeln, bliebe das Gefühl der Bedrohung bestehen, und die Stresshormone würden weiter ausgeschüttet.

So ähnlich geschieht es bei uns. Und unser Organismus kann nicht unterscheiden, ob eine Bedrohung real oder nur vorgestellt ist. Geschieht dies häufig, können wir nicht mehr wirklich regenerieren, und psychische oder psychosomatische Erkrankungen werden früher oder später sehr wahrscheinlich die Folge sein. Beim Menschen führt das dazu, dass sich die Amygdala – besagte »Alarmglocke« in unserem Gehirn – verdickt, wie es die Neurobiologen nennen. Das wiederum hat zur Folge, dass eine dauerhafte ängstliche innere Unruhe entsteht, eine ständige Alarmbereitschaft oder ein mehr oder weniger subtiles Gefühl der Bedrohung.

Die gute Nachricht ist, dass die Praxis der Achtsamkeit diesen Prozess rückgängig machen kann. Studien haben gezeigt, dass die Amygdala

schon nach einem kompetent geleiteten achtwöchigen Achtsamkeitskurs wieder Zellen abgebaut hat, und die Teilnehmenden berichten entsprechend von mehr innerer Ruhe und weniger Angstzuständen. Darüber hinaus wird das achtsame »Gießen« geistiger Qualitäten von Geborgenheit und Sicherheit dazu beitragen, dass sich der eine oder andere innere Wachtposten etwas zu entspannen vermag. Dies kann einmal dadurch geschehen, dass Sie im Tagesverlauf immer mal wieder ein paar Atemzüge an einem inneren Ort der Zuflucht verweilen. Das muss nicht perfekt sein – schon ein mildes Gefühl von Sicherheit und Geborgenheit reicht aus. Tropfen für Tropfen füllt sich allmählich die Tasse. Das kann ein Moment bei Ihnen zu Hause auf einem gemütlichen Sofa oder auch in Ihrem Bett sein. Vielleicht der Moment, in dem Sie die Decke hochziehen und sich einkuscheln. Es reicht, sich für ein paar Atemzüge zu vergewissern, dass Sie in diesem Moment weitestgehend sicher sind, dass keine akute Gefahr besteht.

Sie können diese Qualitäten natürlich auch in einer formellen kontemplativen Meditation wie der folgenden kultivieren. Und erinnern Sie sich – es geht nicht darum, einen bestimmten Zustand herzustellen. Es kann sogar sein, dass sich die Gefühle von Bedrohung zunächst noch mehr in den Vordergrund drängen. Das heißt nicht, dass Sie etwas verkehrt machen. Es geht einmal mehr darum, zunächst schlicht anzuerkennen, dass es so ist, wie es ist – ob wir dies mögen oder nicht. Solange wir die Dinge und uns selbst anders haben wollen, sind wir blockiert. Widerstand ist zumindest an dieser Stelle zwecklos.

Sie können dem ängstlichen Teil oder dem inneren Wachtposten zulächeln und anerkennen, dass er Sie beschützen möchte, und dann sanft, aber beharrlich wieder zum Gießen der Qualitäten von Sicherheit und Geborgenheit zurückkehren. Es liegt nicht in unserer Hand, wann etwas in unserem Inneren so weit gewachsen ist, dass wir eine Veränderung spüren. Dies geschieht nach seinem eigenen inneren Gesetz; und wie eine alte chinesische Weisheit besagt, wächst das Gras nicht schneller, wenn man daran zieht. Unsere einzige Aufgabe besteht darin, diese Qualitäten beharrlich zu nähren – im Vertrauen darauf, dass dies unausweichlich in seiner Zeit auch zu den gewünschten Veränderungen führen wird.

Sollte das Gefühl der Bedrohung übermächtig werden, brechen Sie die Übung ab, spüren Sie den Kontakt zum Boden, und öffnen Sie die Augen. Suchen Sie sich gegebenenfalls kompetente Unterstützung. All diese Meditationen ersetzen nämlich keine gegebenenfalls erforderliche Therapie, können eine solche aber sehr gut ergänzen.

Kontemplative Meditation: Inneren Frieden einladen

Suchen Sie sich einen Platz, an dem Sie möglichst ungestört sind und sich wohlfühlen. Rollen Sie sich den Willkommensteppich aus, und lassen Sie sich etwas Zeit, sanft bei sich selbst zu landen. Auch bei dieser Meditation geht es nicht darum, einen bestimmten Zustand herzustellen, sondern darum, Geistesqualitäten zu gießen, die in ihrer Zeit Früchte tragen werden.

Wenn Sie bereit sind, machen Sie sich zunächst einige sichere Tatsachen bewusst. In diesem Moment besteht keine akute Gefahr. Sie haben vermutlich dicke Wände um sich herum, ein Dach über dem Kopf, genügend Nahrung sowie Luft zum Atmen. Sie können also die Nachricht nach innen sinken lassen: »Alles okay - keine Gefahr!« Spüren Sie den Kontakt zum Boden, der Sie zuverlässig trägt und dem Sie sich anvertrauen können.

Wenn Sie trotzdem spüren, dass es in Ihnen so etwas wie innere Wachtposten gibt, die nach wie vor ängstlich oder auf der Hut sind, ist das völlig in Ordnung. Sie können sich sogar bei Ihnen bedanken für die Bemühungen, für Ihre Sicherheit zu sorgen, und ihnen anbieten, eine kleine Pause einzulegen, da im Moment keine Gefahr besteht. So ähnlich wie bei einer Katze, die sich entspannt in einen Sonnenstrahl auf dem Fußboden legen kann, wenn kein Hund in der Nähe ist.

Im nächsten Schritt können Sie Ihre Vorstellungskraft nutzen und sich an eine Situation erinnern, in der Sie sich relativ sicher und geborgen fühlten. Das muss nicht perfekt sein - es muss nichts erzwungen werden, es reicht, wenn so etwas wie eine Ahnung auftaucht, wie sich das anfühlt. Vielleicht gibt es auch einen Ort, an dem Sie sich ganz besonders wohlfühlen. Bei sich zu Hause auf dem Sofa, in der Natur, in einer Kapelle oder wo auch immer. Sie können diesen Ort in Ihrer Fantasie auch nach Ihren Bedürfnissen umgestalten, wenn Ihnen das hilft, oder es kann sogar ganz und gar ein Fantasieort sein. Wichtig ist nur, dass Sie sich an diesem Ort wohl- und geborgen fühlen, wobei es wie gesagt ausreicht, wenn dieses Gefühl mild ist.

Nehmen Sie sich nun etwas Zeit, dieses Gefühl ein wenig zu erforschen. Wie fühlt es sich an, wenn Sie sich wohl- und geborgen fühlen? Wie ist es im Körper? Wie wirkt es sich auf Ihre Stimmung, Ihren inneren Zustand aus?

Sie können auch die Worte »sicher und geborgen« oder »friedlich« sanft in Ihr Inneres sinken lassen und sie Ihrem Atem anvertrauen, der sie ganz ohne Ihr aktives Zutun mit dem Sauerstoff in Ihrem gesamten Körper verteilt.

Wenn sich auch nur ein mildes Gefühl von Frieden oder Geborgenheit einstellt, lassen Sie sich da hineinsinken wie in ein warmes Bad. Oder lassen Sie es sich ausbreiten wie einen warmen Balsam. Es reicht auch aus, einfach darin ein paar Atemzüge zu verweilen, sodass es in Sie einsinken kann.

Es mag sein, dass Ihre inneren Wachtposten nicht gänzlich überzeugt wurden und nach wie vor auf der Hut sind. Kämpfen Sie nicht dagegen an. Sie haben Ihre Gründe, so wachsam zu sein. Sie können dann einfach ein paar gute Wünsche sanft in Ihr Inneres schicken, etwa: »Möge ich sicher und geborgen sein – möge ich in Frieden sein.«

Wie gesagt geht es nicht darum, einen solchen Zustand herzustellen – jede Art von Anstrengung oder Druck ist eher hinderlich. Sie wissen ja: Tropfen für Tropfen füllt sich die Tasse. Wenn Ihr Geist sich auf Wanderschaft begibt, kehren Sie einfach wieder sanft, aber beharrlich zu der Situation oder dem guten Wunsch zurück.

Diese Meditation braucht nicht lange zu dauern. Wenn Sie das Gefühl haben, dass es erst einmal okay ist, kommen Sie zurück zum Kontakt mit Ihrem atmenden Körper, und lassen Sie Ihr Gewahrsein weit werden, sodass Sie allem Raum geben können, was immer sich in Ihrem Gewahrsein zeigt. Öffnen Sie schließlich die Augen, wenn sie geschlossen waren, und kehren Sie in Ihren Alltag zurück.

Das *Antriebssystem*

Das Antriebs- oder auch Motivations- oder Belohnungssystem hat sich ebenfalls über Jahrmillionen der Evolution entwickelt und ist tief in unserer Biologie und unserem Nervensystem verwurzelt. Wie das Bedrohungssystem hat es uns als Art das Überleben gesichert, in unserer modernen Gesellschaft jedoch ebenfalls problematische Auswirkungen. Vor allem jegliche Art von Suchterkrankungen, aber auch chronische Unzufriedenheit und Getriebenheit sind die Folge, wenn dieses System nicht ausbalanciert ist.

Um zu überleben, muss sich ein Individuum ernähren, und soll eine Art überleben, müssen sich ihre Individuen fortpflanzen und ihre Gene weitergeben. Damit dies geschieht, müssen sich diese Aktivitäten gut anfühlen, und gleichzeitig sollte dieses Wohlgefühl nicht zu lange anhalten. Ein Eichhörnchen, das nach dem Verzehr einer Haselnuss auf Dauer restlos glücklich wäre, hätte zwar ein angenehmes, aber ein sehr kurzes Leben, und es würde kaum die Gelegenheit haben, sich fortzupflanzen und seine Gene weiterzugeben.

Der wichtigste Neurotransmitter, der mit diesem System in Verbindung steht, ist das Dopamin, das chemisch mit Kokain verwandt ist. Dopamin wurde teilweise auch als »Glücksbotenstoff« bezeichnet, dies ist allerdings irreführend, da bei seiner Ausschüttung nicht wirkliches Glück, sondern vor allem ein Kick – also ein vorübergehendes Hochgefühl – ausgelöst wird. Anschließend kommen wir wieder auf unser Normalniveau zurück oder fallen sogar darunter.

Verdeutlicht wird dies durch Forschungen, die gezeigt haben, dass zum Beispiel Lottogewinner nach einer gewissen Zeit des Hochgefühls wieder auf ihr durchschnittliches Maß an Zufriedenheit zurückfallen. Das Gleiche gilt für den Rausch des Verliebtseins, bei dem ebenfalls reichlich Dopamin ausgeschüttet wird. Aber früher oder später lässt der Rausch nach, und dann stellt sich die Frage, ob eine echte liebevolle Verbindung entsteht oder nicht.

Ein besonders anschauliches Beispiel ist auch ein Fußballer, der gerade ein wichtiges Tor geschossen hat. Das ist dann nicht nur ein Dopaminkick für den jeweiligen Spieler, sondern auch für sein ganzes Team, dessen Fans und womöglich eine ganze Nation. Gleichzeitig wird an diesem Beispiel deutlich, dass dieser Kick nicht allzu lange anhält. Vielleicht erzielt die andere Mannschaft im Gegenzug ebenfalls ein Tor, und selbst wenn das Spiel gewonnen wird – nach ein paar Tagen oder spätestens nach ein paar Wochen ist das Hochgefühl nur noch eine blasse Erinnerung.

Auch in der Sexualität wird Dopamin ausgeschüttet, was leicht nachzuvollziehen ist, möchte uns Mutter Natur doch dafür belohnen, wenn wir uns fortpflanzen. Was in diesem Zusammenhang problematisch werden kann, ist, dass unser Dopaminpegel anschließend unter das Normalniveau sinkt, und es gibt Forschungen, die nahelegen, dass es bis zu zwei Wochen dauern mag, bis dieser sich wieder eingependelt hat. Das kann dazu führen, dass wir das Interesse an unserem Partner verlieren, vor allem dann, wenn die Beziehung nicht von einer grundsätzlich liebevollen Verbindung geprägt ist. Wenn doch, kann die Sexualität sozusagen das Sahnehäubchen sein, aber die wirkliche innere Zufriedenheit in einer Partnerschaft liegt in einer gegenseitigen Verbundenheit begründet.

Obwohl es überlebenswichtig ist, dass wir unser Antriebs- oder Belohnungssystem haben, kann es uns auch unglücklich machen, wenn es nicht ausbalanciert ist. Es gilt als die Basis jeglicher Art von Süchten. Das ist vor allem davon abhängig, wie hoch unser Normalniveau von Zufriedenheit ist. Untersuchungen aus der Glücksforschung deuten darauf hin, dass wir alle ein bestimmtes Grundniveau von Zufriedenheit haben. Etwa vierzig Prozent davon scheinen angeboren zu sein, zwanzig Prozent sind abhängig von unserer derzeitigen Lebenssituation, und weitere vierzig Prozent sollen beeinflussbar sein. Bei Kindern durch die Art und Weise, wie ihre Eltern sie ins Leben begleiten, und bei uns Erwachsenen, indem wir bestimmte Einstellungen und Geistesqualitäten kultivieren.

Wenn es mir auch schwerfällt nachzuvollziehen, wie es zu solchen exakten Prozentangaben kommt, sind diese Ergebnisse tendenziell doch nachvollziehbar. Es gibt sogenannte sonnige Kinder, die eher

ausgeglichen und zufrieden sind, und andere, die man nur schwer beruhigen oder zufriedenstellen kann. Dass die aktuellen Lebensumstände einen Einfluss auf unsere Grundzufriedenheit haben, ist ebenfalls plausibel. Spannend bleibt vor allem der letzte Punkt – an unserem angeborenen Naturell und unseren Lebensumständen können wir nichts oder nur sehr wenig ändern, aber wenn wir auf annähernd vierzig Prozent unserer Grundzufriedenheit einen Einfluss haben, ist das eine sehr ermutigende Nachricht.

Ist unsere Grundzufriedenheit nämlich relativ hoch, können wir unser Leben und seine sogenannten Gipfelerfahrungen auskosten, fallen aber hinterher nicht in einen Mangelzustand, sondern sind immer noch mit uns im Einklang und zufrieden. Es handelt sich also um eine Art bedingungslose Zufriedenheit, die unabhängig davon ist, ob wir alles bekommen, was wir gern hätten. Ist die Grundzufriedenheit jedoch relativ niedrig, brauchen wir ständig neue Kicks, um uns zumindest einigermaßen okay zu fühlen. Dieser Mangelzustand ist wie gesagt die Basis für alle Arten von Süchten, von innerer Getriebenheit und Unzufriedenheit.

Der Neurobiologe Gerald Hüther berichtete in einem seiner Vorträge von einer Studie, die mit jungen männlichen Schimpansen durchgeführt wurde. Gab man jungen Männchen dieser Spezies – die grundsätzlich glücklich und in ihrer Gruppe integriert waren, die auch mal gelaust wurden und hin und wieder eine Partnerin fanden – Kokain, so haben sie das zwar probiert, sind allerdings nicht süchtig geworden. Tat man dies allerdings mit unglücklichen jungen männlichen Schimpansen – die nicht in ihrer Gruppe integriert waren, die eher weggebissen wurden und keine Partnerin fanden –, so wurden diese sofort süchtig. Dies weist also darauf hin, dass eine höhere innere Grundzufriedenheit der beste Schutz vor jeder Art von Süchten sein könnte.

Die Frage lautet nun: Was sind die Nährstoffe, die mehr Zufriedenheit in unserem inneren Garten wachsen lassen können? Es sind Qualitäten wie Dankbarkeit, Freude und Wertschätzung. Indem wir sie in unserem Geist gießen, wächst mit der Zeit unsere Grundzufriedenheit, und dies hat schon nach erstaunlich kurzer Zeit Auswirkungen, die in unserem Gehirn durch moderne Bildgebungsverfahren sichtbar gemacht werden können.

Die folgende kontemplative Meditation dient dazu, diese Qualitäten in unserem Geist zu kultivieren – und bitte vergessen Sie nicht: Dies bedeutet, dass es nicht darum geht, um jeden Preis angenehme Zustände zu produzieren. Auch hier kann es sein, dass zunächst einmal unbehagliche Gefühle oder Widerstände auftauchen.

Im Buddhismus gibt es das Bild, dass der Lotus aus dem Schlamm wächst. Was immer durch diese Meditationen ausgelöst wird, versuchen

sie, damit zu *sein*, so gut es geht. Kultivieren bedeutet, dass wir eine bestimmte innere Haltung in unserem Geist, unserem inneren Garten »gießen«, und dies wird mit der Zeit Früchte tragen. Wann und wie das geschieht, liegt nicht in unserer Hand. Wir brauchen nichts zu erzwingen – wir verhalten uns so gut wie möglich und überlassen den Rest der organismischen Selbstregulation. Wie jedes System hat unser Geist eine ihm innewohnende Tendenz, sich auszubalancieren; und dieser Tendenz können wir mehr vertrauen als jeglicher Einmischung von außen. Unsere Aufgabe dabei ist es, unseren inneren Garten immer besser kennenzulernen und die Bedingungen zu schaffen, die diese Selbstregulation und Integration ermöglichen.

Kontemplative Meditation: Innere Zufriedenheit einladen

Suchen Sie sich wieder einen Platz, an dem Sie möglichst ungestört sind und sich wohlfühlen. Sie können diese Übung wie alle anderen im Sitzen oder auch im Liegen ausführen – was immer Ihnen angenehm ist. Rollen Sie sich einmal mehr den Willkommensteppich aus, und laden Sie sich ein, sanft bei sich selbst zu landen.

Auch in dieser Praxis gibt es nichts zu erreichen, nichts zu leisten. Sie müssen nicht gut sein und brauchen nun keinerlei Erwartungen zu erfüllen, noch nicht einmal die eigenen. Schauen Sie, ob es möglich ist, sich das zumindest für diese kurze Zeit zu erlauben.

Wenn Sie das Gefühl haben, einigermaßen angekommen und bereit zu sein, vergegenwärtigen Sie sich einmal ein paar Umstände in Ihrem Leben, für die Sie dankbar sein könnten. Das darf zunächst durchaus eher kognitiv sein und muss noch nicht tief empfunden werden. Dabei geht es vor allem um Gegebenheiten, die wir üblicherweise als nur allzu selbstverständlich ansehen. So hat unser Körper uns bis heute immerhin am Leben erhalten. Er mag nicht perfekt und vielleicht auch krank sein – aber dennoch hat er sein Bestes getan. Und allein das ist doch schon anerkennenswert! Meist bemerken wir das nur, wenn etwas nicht mehr so funktioniert wie gewohnt. Etwas Anerkennung oder Dankbarkeit für das, was unser Organismus so Tag und Nacht für uns leistet, ist da sicher nicht unangebracht!

Oder bedenken Sie weitere Vorteile, die alles andere als selbstverständlich sind in unserer Welt, die wir jedoch allzu sehr als »gegeben« nehmen: beispielsweise dass wir in der Regel ein Dach über dem Kopf und genügend Nahrung haben; ein Bett, in das wir uns legen können, wobei wir den Moment genießen, in dem wir am Abend die Decke hochziehen; dass wir über eine Heizung, fließend Wasser und Elektrizität verfügen. Vieles davon Annehmlichkeiten, um die uns Könige und Kaiser früherer Zeiten beneidet hätten.

Und dann gibt es vielleicht Menschen, denen wir dankbar sein können – das mögen solche sein, die für uns wichtig waren oder sind, vielleicht sogar Leute, die wir gar nicht persönlich kennen, die aber dennoch unser Leben bereichert haben, wie Musiker, Komponisten oder Buchautoren.

Vielleicht können Sie sogar sich selbst dankbar sein für Schritte, die Sie in Ihrem Leben unternommen, oder Entscheidungen, die Sie getroffen haben. Sie werden sicherlich leicht viele andere Dinge finden, für die Sie dankbar sein können: die Natur, eine frische Brise im Sommer, eine Dusche oder ein warmes Bad nach einem anstrengenden Tag, ein Lächeln, ein köstliches Abendessen – und so weiter.

Freude und Dankbarkeit sind wie Zwillinge, die gemeinsam auftreten. Dabei handelt es sich häufig auch um eine eher stille Freude, zum Beispiel wenn Sie etwas geschafft haben oder einen Tag am Strand oder an einem anderen Ort in der Natur genießen. Die schönen Momente, die uns das Leben schenkt, wirklich auszukosten lässt ebenfalls unser Glück und unsere Zufriedenheit wachsen.

Und vielleicht finden Sie ja auch ein paar Eigenschaften oder Qualitäten, die Sie an sich selbst wertschätzen können. Das muss nichts Großartiges und schon gar nicht perfekt sein – auch hier geht es eher um die kleinen Dinge, die Sie an sich selbst anerkennen können. Das kann sein, dass Sie sich geschmackvoll kleiden, dass Sie das ein oder andere Gericht gut hinbekommen oder gut Geräte reparieren können. Oder dass Sie manchmal großzügig sind, gut zuhören können oder für Familienmitglieder oder Freunde da sind, wenn Sie gebraucht werden. Dass Sie vielleicht einen Sinn für Humor haben oder hilfsbereit sind.

Schließlich können Sie auch hier Ihre Vorstellungskraft nutzen, um Zufriedenheit in Ihrem inneren Garten zu kultivieren. Lassen Sie sich etwas Zeit, sich an eine Situation zu erinnern, in der Sie sich wohlgefühlt haben. Das kann im Urlaub am Strand gewesen sein, an einen Baum gelehnt in der Natur, an einem See oder am Meer sitzend oder auch zu Hause in Ihrem Lieblingssessel oder auf dem Sofa. Hier muss es ebenfalls keine »perfekte Situation« sein. Es reicht vollkommen, wenn Sie auch nur einen Hauch von Zufriedenheit einladen können. Sei es nun Dankbarkeit, Freude, Zufriedenheit oder Anerkennung – wenn etwas von diesen Qualitäten wahrnehmbar wird, verweilen Sie ein paar Atemzüge darin, und lassen Sie zu, dass sich diese Nährstoffe in Ihrem inneren Garten ausbreiten können. Vielleicht fühlen Sie in Ihrem Körper, wie es ist, sich dankbar, freudig oder zufrieden zu fühlen. Und auch wenn es nur ein mildes Gefühl ist – lassen Sie sich hineinsinken, während diese Qualität in Sie hineinsinkt.

Zum Abschluss der Meditation lassen Sie Ihr Gewahrsein wieder weit werden, und geben Sie, so gut es geht, allen Gedanken, Gefühlen und Empfindungen Raum, die in Ihrem Geist erscheinen. So wie der weite Himmel jede Wetterlage halten und ihr Raum geben kann, kann auch unser Gewahrsein jeder inneren Wetterlage Raum geben.

Begegnen Sie allem, was auftaucht, mit Offenheit, Interesse und Wohlwollen – so gut es eben geht. Auf solche Weise werden diese Qualitäten in Ihrem inneren Garten zu ihrer Zeit unweigerlich aufblühen und Früchte tragen.

Das Verbundenheits- *oder Fürsorgesystem*

Der wichtigste Schritt zur Liebe ist es,
den Schleier der Selbstverständlichkeit abzulegen.
Gewohnheit ist ein Schleier, der sich über alles legen kann
und die Berührbarkeit unserer Sinne und
unseres Herzens zudeckt.

Richard Stiegler

Während sowohl das Bedrohungs- als auch das Antriebssystem eine aktivierende Wirkung haben, hat das Verbundenheits- oder Fürsorgesystem eine beruhigende Wirkung. Es ist ebenfalls tief in unserer Biologie verankert. Vögel und Säugetiere haben den Instinkt, für ihre Nachkommen zu sorgen, und leben in den verschiedensten sozialen Beziehungen, manche als Paare, andere in Rudeln, Herden oder wie immer wir diese sozialen Gruppierungen nennen.

Bei uns Menschen ist das Fürsorgesystem besonders stark ausgebildet, kommen wir doch alle als eine Art Frühgeburt auf die Welt. Seit der Mensch sich aufgerichtet hat, ist sein Gehirn und damit der Umfang des Kopfes ständig gewachsen, bis das weibliche Becken einfach nicht mehr weiter werden konnte, um den Kopf eines Kindes hindurchzulassen. So

mussten die Kinder eben früher kommen und bedürfen sehr viel länger der Fürsorge, als das bei den anderen Arten üblich ist. Von Anfang an erfahren die Menschenkinder, dass sie in den Arm genommen werden, wenn sie Hunger oder andere Probleme haben. Diese fürsorgliche, liebevolle Zuwendung führt dazu, dass Oxytocin ausgeschüttet wird – ein Hormon, welches das Stresshormon Cortisol abbaut und eine beruhigende Wirkung auf den Menschen hat. Es spielt in jeder Art liebevoller Beziehung und anscheinend auch für Emotionen wie Vertrauen und Geborgenheit eine Rolle.

Man kann das sehr gut bei kleinen Kindern beobachten. Sind sie außer sich, laufen sie zu ihrem sicheren Hafen – der Mutter, dem Vater oder einer vertrauenswürdigen Bezugsperson, springen ihr sozusagen in den Arm, und nach einer Weile entspannen sie sich mit einem tiefen Seufzer. Diese liebevolle Zuwendung bewirkt, dass sich das Kind wieder herunterregulieren kann und sein inneres Gleichgewicht wiederfindet. Das gilt auch noch für uns Erwachsene – wenn wir uns als verbunden,

gefühlt, geliebt empfinden, können wir uns entspannen und öffnen. Insofern bezeichnet Rick Hanson den inneren Nährstoff der Verbundenheit und Liebe auch als eine Art Multivitamin, das eine ausgleichende und beruhigende Wirkung auf die beiden anderen emotionalen Systeme hat. Haben wir in diesem System eine dauerhafte Unterversorgung, fühlen wir uns getrennt, isoliert, einsam. Die kontemplative Meditation »Freundlichkeit mit sich selbst kultivieren (Metta-Meditation)« (siehe Seite 95) ist eine wirkungsvolle Möglichkeit, diese Qualität in unserem inneren Garten wachsen zu lassen. Indem wir uns eine oder beide Hände sanft auf den Brustraum, auf den Bauch oder eine auf den Brustraum und die andere auf ein Buch legen, können wir das Gießen dieser wohlwollenden, warmherzigen inneren Haltung zusätzlich unterstützen.

Und auch hier gilt wieder: Es geht nicht darum, dass wir Ergebnisse erzielen wollen oder schöne Gefühle produzieren, sondern einfach die Qualitäten von Verbundenheit und Liebe zu gießen und dann freundlich und mitfühlend mit dem zu sein, was immer in unserem Geist ausgelöst wird.

Friede, Zufriedenheit *und Liebe*

Wie wir wissen, braucht ein Garten regelmäßig Wasser, damit er gut gedeihen kann, was genauso für unseren inneren Garten gilt. Eine sehr schöne Möglichkeit, dies zu tun, ist ein kurzes, morgendliches Gießen der Nährstoffe für unsere emotionalen Systeme. Diese Übung kann immer wieder Ihren jeweiligen Bedürfnissen angepasst werden. Wenn Sie ein wenig Erfahrung mit den drei kontemplativen Meditationen haben, spüren Sie auch, was Ihnen guttut, und nach einer Weile reicht es zumeist, wenn Sie sich jedem System auf die Ihnen entsprechende Weise kurz widmen. Mit der Zeit wird es schon eine wohltuende Wirkung haben, dass Sie nur die drei Worte »Friede«, »Zufriedenheit« und »Liebe« oder »Verbundenheit« in Ihr Inneres sinken lassen.

Statt also morgens gleich aufzuspringen, können Sie sich ein paar Minuten Zeit nehmen, auf solche Weise Ihren inneren Garten zu gießen. Immer wieder berichten mir Teilnehmer meiner Seminare, wie gut ihnen das tut und wie anders der Start in den Tag aussehen kann, wenn sie sich dies zu einer Gewohnheit machen. Es kann sozusagen das Frühstück vor dem Frühstück werden. Wie immer empfiehlt es sich, dies alles so abzuwandeln, dass es für Sie passt. Was Ihnen persönlich guttut und was Ihr innerer Garten braucht, um gut genährt zu sein, können am besten Sie selbst herausfinden. Das gilt natürlich für alle Meditationsanleitungen in diesem Buch und auf meiner Website. Fühlen Sie sich also bitte frei, Ihren eigenen Weg zu finden.

TEIL 3

Eine Ökologie des inneren Gartens

Genau hier können wir durch Übung sehr vertraut werden mit den Schutzwällen, die wir um unser Herz und unser ganzes Wesen herum aufbauen. Wir können vertraut werden mit unserer Art des Versteckens, Wegdösens und des Erstarrens. Und diese Vertrautheit, diese Schutzwälle so gut zu verstehen, das ist genau das, was anfängt, sie aufzulösen. Verblüffenderweise beginnen sie dann auseinanderzubrechen, wenn wir ihnen unsere volle Aufmerksamkeit schenken.

Pema Chödrön

Der große *Familienbus*

Unser innerer Garten beherbergt alle möglichen Pflanzen, Kräuter und Blumen. Dabei gleicht kein Garten dem anderen, obwohl einige Arten in jedem menschlichen Garten zum Blühen kommen können. Einige dieser wünschenswerten »Pflanzen«, ihre Qualitäten und wie wir sie kultivieren können, haben wir bereits kennengelernt. Unser innerer Garten ist vielen Einflüssen ausgesetzt; und damit er nicht aus der Balance kommt, gilt es, ihn und die einzelnen Gewächse immer besser kennenzulernen und allen ihren Platz zu geben, damit das innere ökologische Gleichgewicht gewahrt bleibt. Und sicherlich gibt es einige Kräuter, die wir am liebsten loswerden würden. Vor allem in stürmischen Zeiten können diese unerwünschten Pflanzen die Oberhand gewinnen und unseren inneren Garten überwuchern.

Wir haben schon gesehen, dass wir sie nicht einfach ausreißen können, denn was wir bekämpfen, wird nur noch stärker. Was also können

wir tun? Der schon genannte Mullah Nasrudin hatte ein ähnliches Problem. Irgendwie war Löwenzahn in seinen Garten geraten, und er wurde das »Unkraut« einfach nicht los. Er hatte alles versucht, aber nichts half – der Löwenzahn kam immer wieder.

So beschloss er, zum bekanntesten Gärtner in seiner Stadt zu gehen und ihn zu fragen, was er tun könne, um den Löwenzahn loszuwerden. Der weise Gärtner hörte sich geduldig an, was Mullah Nasrudin alles versucht hatte. Als der schließlich endete, schwieg der Gärtner eine Weile und sagte dann: »Wenn du alles versucht hast und der Löwenzahn trotzdem nicht verschwindet, lieber Mullah, wirst du lernen müssen, ihn zu lieben.«

Bevor ich Ihnen Möglichkeiten aufzeige, wie das gehen könnte, möchte ich auf eine andere Metapher zurückgreifen, die bereits vielen Menschen geholfen hat. Stellen Sie sich vor, Sie seien so etwas wie ein großer Familienbus, der seinen Lebensweg entlangfährt. In diesem Bus sitzen alle möglichen Wesenheiten, und je nachdem, wer von ihnen gerade am Steuer sitzt, bestimmt, in welche Richtung der Bus fährt. Das geschieht meist unbewusst und automatisch und ist abhängig von der aktuellen Verkehrslage und was uns sonst so auf dem Weg begegnet.

Da sitzt zum Beispiel ein Aspekt, den wir zu Beginn dieses Buches »unser wahres Selbst«, »unser grundlegendes Gutsein« oder »unsere Buddhanatur« genannt haben. Wenn dieser Anteil von uns dominiert, können wir schwierige Situationen elegant umschiffen. Wir sind flexibel, offen, einfühlsam und mitfühlend, und unser Bus fährt in die Richtung, die unseren tiefen inneren Werten entspricht. Sind wir zum Beispiel Elternteil eines vierjährigen Kindes, gut ausgeschlafen und nicht unter Zeitdruck (eine Situation, die eher weniger empathische Wesenheiten ans Steuer bringt) und das Kind wirft versehentlich ein Glas Saft um, so sagen wir vielleicht: »Hups! Nichts passiert. Komm, wir holen einen Lappen und wischen das schnell weg, dann bekommst du ein neues Glas.«

An einem anderen Tag haben wir vielleicht mehrere Nächte zuvor schlecht geschlafen, stehen unter Zeitdruck, und womöglich wurde uns gerade noch eine schlechte Nachricht überbracht, da es geschieht wieder, dass das Kind ein Glas Saft umwirft. Diesmal reagieren wir vermutlich ganz anders. Vielleicht schimpfen wir los: »Verdammt noch mal! Kannst du nicht besser aufpassen?« Warum? Es war jemand anders am Steuer, und wir sehen die Situation jeweils durch die Augen der Wesenheit, die am Lenkrad sitzt. In der zweiten Situation sind wir gestresst. Wir fühlen uns bedroht, und bei Bedrohung fühlt sich vielleicht der Höhlenmensch mit seiner Keule berufen, das Steuer zu übernehmen.

Wenn wir uns dann wieder beruhigt haben, sind wir vielleicht entsetzt, wie wir uns da verhalten haben. Wir wollen doch liebevoll sein mit unserem Kind. Da meldet sich dann vielleicht die Stimme des inneren

Kritikers oder der Perfektionistin vom Beifahrersitz: »Oh Mann! Du bist wirklich ein toller Vater! Du kannst schon mal anfangen, für die Psychotherapie deines Kindes zu sparen. Das gibt es doch gar nicht bei all den klugen Ratgebern, die du gelesen hast.«

Das macht uns die Sache natürlich auch nicht leichter. Eigentlich haben wir es ja schon schwer genug, und diese ungnädigen inneren Stimmen aktivieren zusätzlich unser Bedrohungssystem, sodass es uns noch schwerer fällt, in den empfänglichen Modus zu kommen und den inneren Raum zu finden, der es uns ermöglichen würde, angemessen mit einer solchen oder ähnlichen Situation umzugehen.

Und natürlich gibt es noch viel mehr solcher inneren Stimmen: einen Manager oder eine Managerin, die unser Leben organisieren wollen. Manchmal sind sie sehr hilfreich, können uns aber auch das Leben schwer machen – vor allem, wenn es um engere Beziehungen geht und sie das Steuer nicht abgeben und alles unter Kontrolle behalten wollen. Dann gibt es da noch einen inneren Antreiber, vielleicht einen inneren Schweinehund (der meist als Gegenspieler des Antreibers auftritt), ein ängstliches Kaninchen, einen harmoniebedürftigen Teil, vielleicht einen geltungssüchtigen, einen Genießer, einen Moralapostel, eine Kühle, einen Macho, einen Helfer, einen Streitlustigen, einen Besserwisser und neben allen möglichen anderen Aspekten natürlich auch diverse innere Kinder: verletzliche und verbannte, ein trotziges inneres Kind, vielleicht einen rebellischen inneren Pubertisten, aber auch kreative, verspielte und lebensfrohe kindliche Anteile.

Sie sehen schon, diese Liste könnte endlos fortgeführt werden, und auch wenn einige dieser Persönlichkeitsanteile in vielen Menschen ähnlich aussehen, ist der Familienbus bei uns allen unterschiedlich

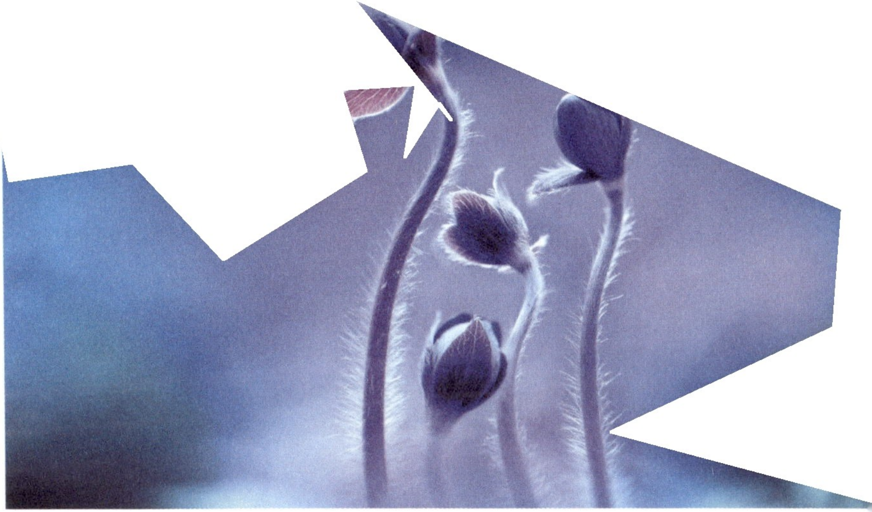

besetzt, und die verschiedenen Teile sind auch unterschiedlich stark oder dominant.

Nun ist es so, dass wir die Welt und jede Situation immer durch die Brille des Aspekts sehen, der gerade am Steuer sitzt, und dieser Teil entscheidet dann meist auch, wie wir handeln und in welche Richtung unser Bus fährt. Welcher Teil bei uns jeweils das Steuer übernimmt, ist von vielen Faktoren abhängig – unserem Naturell, unserer kulturellen Prägung, unserer Erziehung, unserer jeweiligen Stimmung und auch von den äußeren Umständen. So sind es üblicherweise weitestgehend unbewusste und automatische Reaktionen, die je nach Situation und Stimmung dazu führen, dass irgendein Teil in den Vordergrund tritt. Wobei es auch häufig geschieht, dass zwei sogenannte polarisierte Teile im Konflikt sind. Ein typisches Beispiel dafür ist, wenn ein vernünftiger und ein genießerischer Teil eine Tafel Schokolade erblicken.

Richard C. Schwartz, der Begründer der Systemischen Psychotherapie mit der inneren Familie (Internal Family System [IFS]), hat diese Dynamik auf besonders anschauliche Weise deutlich gemacht. Was seinen Ansatz so spannend macht, ist, dass er jene bereits erwähnte Instanz, die wir in diesem Buch »das wahre Selbst« oder »unsere Buddhanatur«, »unser grundlegendes Gutsein« oder auch »unsere(n) innere(n) Gärtner(in)« genannt haben, einfach als »unser Selbst« bezeichnete. Und in seinem Ansatz ist dieses Selbst die einzige Instanz in uns, die alle Teile integrieren und ihren Platz in unserem Bus einnehmen lassen kann. Jeder Persönlichkeitsteil hat eine ganz eigene Sicht der Welt, macht sich durch bestimmte Gefühle, Empfindungen, Gedanken, Bilder, vielleicht als eine Art innerer Kommentator und durch Körperempfindungen bemerkbar und möchte letztlich »seinem Menschen« dienen. Dabei verfolgen sie unterschiedlichste Strategien, um Aufmerksamkeit zu bekommen (von uns oder von anderen) und mit ihrem Anliegen durchzudringen.

In der Psychotherapie mit der inneren Familie geht man davon aus, dass alle Teile mit uns auf die Welt kommen. Ob sie sich manifestieren oder nur latent bleiben, hängt von unserer Entwicklung und unseren Lebensumständen ab. Sie treten dann jeweils in einem bestimmten Alter auf, können aber auch durch extreme oder traumatische Situationen aktiviert werden. Das heißt natürlich nicht, dass wir eine gespaltene Persönlichkeit haben, aber sobald wir mit einem dieser Teile verschmolzen sind, verlieren wir den Zugang zu unserem wahren Selbst und leben nicht im Einklang mit unseren tieferen inneren Werten – wir leben nicht »unser« Leben, sondern das Leben einer bestimmten Teilpersönlichkeit.

Unsere Persönlichkeitsanteile entwickeln häufig auch ein komplexes Gefüge von Interaktionen untereinander, und wenn sie versuchen, unseren inneren Garten zu dominieren, können sie auch aggressiv, stur oder auch unsichtbarer werden und in dunklen, verborgenen Winkeln unseres inneren Gartens wirken. Damit will ich aber nicht sagen, dass wir unsere Persönlichkeitsanteile loswerden sollten oder dass sie irgendwie schlecht sind. Wir brauchen die Qualitäten dieser Teile, um in der Welt klarzukommen. Nur wenn sie bedingt durch unsere Geschichte extrem geworden sind oder Lasten tragen, die sie auf Dauer nicht tragen können, wird es schwierig. Vielmehr geht es darum, unseren Bus beziehungsweise unseren inneren Garten genauer zu erkunden und unsere(n) innere(n) Gärtner(in) so weit zu stärken, dass auch er oder sie unseren inneren Garten, dessen Pflanzen und deren Funktionen und Bedürfnisse immer besser kennenlernt.

Der innere *Gärtner*

Das äußere Ich fürchtet das, was jenseits seiner selbst und darüber ist, und schreckt davor zurück. Ihm graut vor der scheinbaren Leere und Dunkelheit des inneren Selbst. Die wahre Tragödie der Zerstreuung ist eben, dass sie eine Flucht vor all dem ist, was in uns selbst am wirklichsten, unmittelbarsten und echtesten ist.

Thomas Merton

Da wir wie schon am Beginn dieses Buches beschrieben im Laufe des Heranwachsens den Kontakt zu unserem wahren Selbst vermutlich weitestgehend verloren haben, ist es alles andere als leicht, Zugang zu dieser Instanz in unserem Inneren zu finden. Woran können wir also erkennen, wenn sich unser wahres Selbst zeigt? Ein wichtiges Merkmal ist, dass unser wahres Selbst nicht urteilt. Sobald Urteile auftreten, wissen wir, dass ein Teil im Vordergrund steht. In der Therapie mit der inneren Familie werden darüber hinaus zehn Qualitäten beschrieben, deren Auftreten in unserem Geist darauf hinweisen, dass unser wahres Selbst präsent ist. Glücklicherweise müssen diese Qualitäten nicht hundertprozentig zur Verfügung stehen – Schwartz zufolge reicht es, wenn sie zu circa dreißig Prozent verfügbar sind, um unseren inneren Garten mehr ins Gleichgewicht zu bringen.

Wenn wir das auf das Bild mit dem Familienbus übertragen, heißt dies, dass unser wahres Selbst nicht unbedingt immer allein am Lenkrad sitzen muss – es reicht schon aus, wenn es eine Hand am Steuer hat und so die Fahrtrichtung beeinflussen kann.

Hier nun die zehn Qualitäten, an denen wir die Präsenz unseres wahren Selbst erkennen können. Alle diese Qualitäten ergänzen einander und sind in gewisser Weise wie die Facetten eines Diamanten:

1. *Interesse:* Das bedeutet, dass wir ein wahres Interesse daran haben herauszufinden, warum wir oder andere Menschen sich so verhalten oder fühlen, wie wir/sie es tun. Statt uns oder sie zu verurteilen, sind wir offen und interessiert. Das gilt auch den schwierigen Anteilen unserer Persönlichkeit gegenüber. Sie werden sich uns nur öffnen und mit uns kooperieren, wenn diese Qualität präsent ist.
2. *Klarheit:* Diese Qualität ergänzt die erste insofern, als sie es uns ermöglicht, eine Situation klarzusehen, ohne dass unser Blick durch Meinungen, Urteile oder Interpretationen getrübt wird.

3. *Vertrauen:* Damit ist einmal das Vertrauen in unser grundlegendes Gutsein gemeint. Wir geben inneren und äußeren Stimmen, die über uns urteilen und uns schlechtmachen, keine Macht über uns. Dies gibt uns auch den Mut, Fehler einzugestehen. Gleichzeitig ist ein grundsätzliches Vertrauen ins Leben gemeint – wir müssen nicht ständig alles unter Kontrolle haben, sondern können uns im Einklang mit dem Fluss des Lebens bewegen.
4. *Mut:* Mut ist ebenfalls eine wichtige Qualität. Wir brauchen Mut, um ehrlich mit uns selbst zu sein, um Fehler offen eingestehen zu können, um uns gegebenenfalls entschuldigen zu können, aber auch, wenn wir für etwas einstehen oder gegen eine Ungerechtigkeit eintreten.
5. *Mitgefühl:* Eine schöne Definition von Mitgefühl ist wie gesagt, dass sich Liebe in Mitgefühl verwandelt, wenn sie auf Schmerz oder Leiden trifft. Einerseits ermöglicht es uns, empathisch mitzuempfinden, was ein Mensch fühlt; es hat darüber hinaus aber auch eine aktivierende Qualität: Es motiviert uns, das Leiden zu lindern. Es ermöglicht uns auch, auf aggressive oder ärgerliche Teile in anderen Menschen nicht automatisch zu reagieren, sondern den Schmerz dahinter zu sehen.
6. *Gelassenheit:* Gelassenheit bedeutet nicht, so »cool« zu werden, dass wir nichts mehr an uns heranlassen, sondern vielmehr, dass wir auch in schwierigen Situationen ruhig, offen und flexibel bleiben mögen. Wir können auf den Wellen des Lebens problemlos surfen, ohne leicht vom Brett geworfen zu werden – oder wir sind wie eine robuste alte Eiche, die nichts so leicht ins Wanken bringen kann.

7. *Kreativität:* Dies bedeutet, dass wir offen sind für unsere Intuition sowie für neue Ideen und unser kreatives Potenzial. Sie impliziert auch die Fähigkeit, mit Ideen zu spielen, ohne gleich ein Ergebnis haben zu müssen und ohne von Ängstlichkeit oder Scham zurückgehalten zu werden.
8. *Verbundenheit:* Sich verbunden zu fühlen ist ein Kennzeichen dafür, dass wir im empfänglichen Modus sind. Wir können uns mit anderen Menschen tief verbunden fühlen, aber auch mit unseren Teilen und mit dem Leben selbst. Unser wahres Selbst kann sozusagen Teilchen und Welle sein – wie das Licht. Als Teilchen wird es wirksam in unserem inneren System sowie in konkreten Beziehungen zu anderen Menschen und der Außenwelt an sich. Als Welle zeigt es sich als eine Art mystischer Erfahrung der All-Verbundenheit oder des All-Einsseins.
9. *Zentriertheit:* Zentriertheit geht Hand in Hand mit Gelassenheit. Hier bedeutet es vor allem, dass wir tief in unserem wahren Selbst zentriert sind und auch in stürmischen Zeiten nicht aus der Fassung geraten. Wir können von dort Kontakt zu unseren Teilen aufnehmen, überlassen ihnen aber nicht das Steuer unseres Busses und verschmelzen nicht mit ihnen.
10. *Verlässlichkeit:* Der Begriff spricht eigentlich für sich selbst. Verlässlichkeit bedeutet, dass wir Vereinbarungen zuverlässig einhalten, und auch, dass wir in Beziehungen die Verbindung grundsätzlich aufrechterhalten, selbst wenn es Auseinandersetzungen gibt.

Unser wahres Selbst entspricht in der Metapher des inneren Gartens unserer/unserem inneren Gärtner(in) mit dem grünen Daumen. Diese Instanz kann sich mit allen Pflanzen und Gewächsen vertraut machen und ihnen ihren Platz zuteilen.

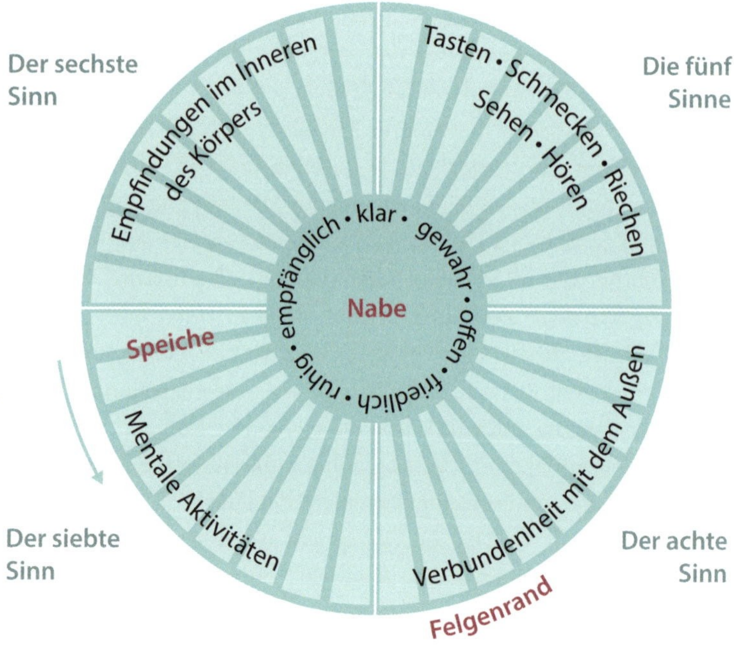

Das Rad des Gewahrseins (nach Dan Siegel)

Dan Siegel beschreibt es so, dass wir im empfänglichen Modus sozusagen in der Nabe eines Rades ruhen und Zugang zu den Qualitäten unseres wahren Selbst haben. Er führt etwas andere Qualitäten auf, aber letztlich erweitert dies nur die Facetten unseres inneren Diamanten und widerspricht dem bisher Gesagten in keiner Weise. Im Zentrum, der Radnabe, ist die Erfahrung von Gewahrsein als solchem, und von dort aus führen die Speichen zur Felge des Rades – allen Erfahrungen, deren wir gewahr zu werden vermögen. Wir können also sozusagen von der Nabe eine Speiche auf einen Aspekt unserer Erfahrung senden, indem wir unsere Aufmerksamkeit darauf richten. Dabei erweitert er die Erfahrungen unserer fünf Sinne um die drei folgenden:

1. Wahrnehmungen aus dem Inneren unseres Körpers,
2. mentale Aktivitäten und
3. Erfahrungen der Verbundenheit, die ebenfalls nicht an unsere üblichen Sinne gebunden sind.

Dieses Bild können wir wunderbar auf unseren inneren Garten übertragen. Die Gärtnerin oder der Gärtner mit dem grünen Daumen entspricht der Radnabe. Dort sind wir im empfänglichen Modus und können unseren inneren Empfänger auf die Pflanzen ausrichten, die aktuell unsere Aufmerksamkeit brauchen, weil wir ihrer vielleicht gerade bedürfen oder weil sie aus dem Gleichgewicht geraten sind. Und natürlich können wir uns auch auf die Bereiche unseres inneren Gartens einstellen, die uns noch unbekannt oder etwas suspekt sind, die wir aber doch näher kennenlernen möchten.

Den inneren Garten *erkunden*

… vielleicht sind alle Drachen unseres Lebens
Prinzessinnen, die nur darauf warten,
uns einmal schön und mutig zu sehen. Vielleicht
ist alles Schreckliche im tiefsten Grunde
das Hilflose, das von uns Hilfe will.

Rainer Maria Rilke

Wenn wir mehr Qualitäten unseres wahren Selbst in unser Dasein bringen möchten, braucht es vor allem innere Nahrung. Auf unsere Lebensumstände haben wir relativ wenig Einfluss, aber wir können Ressourcen aufbauen, um besser auf den Wellen des Lebens reiten zu können. Einige Möglichkeiten, wie wir das angehen können, haben Sie bereits kennengelernt.

Mindestens genauso wichtig ist es, unseren inneren Garten besser kennenzulernen. Dafür erforderlich ist vor allem die Qualität des echten Interesses – wirklichen Forschergeist. Und es braucht einen guten inneren Pflanzenbestimmer. Im Internal Family System nach Schwartz wird dieser »der Teiledetektor« genannt.

Im Folgenden lade ich Sie zu einer kleinen Besinnungsübung ein, mit der Sie beginnen können, einige der wichtigen Persönlichkeitsanteile in Ihrem Leben zu identifizieren. Mindestens genauso spannend kann es sein, mitten in Ihrem Alltag immer wieder mal kurz innezuhalten, sich nach innen zu wenden und sich zu fragen: »Wer sitzt denn da gerade am Steuer?« Wichtig ist, dass Sie dabei möglichst in einer offenen und neugierigen inneren Haltung bleiben. Es geht auch hier nicht darum, irgendwelche Ergebnisse zu erzielen und sich zu bewerten, welche Teile da am Steuer sitzen. Es gilt zunächst nur, die Dynamik in Ihrem Familienbus und die dominantesten Protagonisten darin besser kennenzulernen.

Grob unterteilt, können wir unsere Persönlichkeitsanteile folgenden vier Gruppen zuordnen:

1. *Manager:* Das sind Anteile, die uns helfen, uns zu organisieren, zu planen, den Überblick nicht zu verlieren, letztlich in der Welt klarzukommen. Das können auch bestimmte berufliche Rollen sein, die wir dann einnehmen, wie die Lehrerin, der Anwalt, der Polizist, der Chef, die Frau Doktor und so weiter. Wenn Managerteile nicht mehr funktionieren, können ärgerliche, ängstliche oder andere Teile in den Vordergrund treten und das Steuer übernehmen.

2. *Beschützer:* Dies sind Anteile, die uns vor äußerer Gefahr, aber auch vor emotionaler Bedrohung schützen wollen. Zu ihnen gehören beispielsweise die diversen inneren Kritiker, Antreiber und Perfektionisten. Sie können sich aber auch durch übertriebene Fürsorge, Sarkasmus, penibles Planen, starken Ehrgeiz et cetera zeigen. Sie werden meist an einem bestimmten Punkt in unserem Leben aktiviert, an dem wir verletzt wurden, Angst hatten, den Erwartungen nicht zu genügen, und Ähnliches. Teilweise haben sie auch einen kulturellen Ursprung. »Was sollen denn die Nachbarn denken?« und ähnliche Sätze sind ein geradezu klassisches Beispiel für den Ursprung solcher Teile. Sie tun alles, damit wir die Kontrolle behalten, um so vor Schmerz oder Ablehnung geschützt zu sein.
   Sie sind sozusagen in der Vergangenheit eingefroren und stecken in alten dramatischen oder traumatischen Situationen fest. Für sie ist der Krieg gefühlt noch nicht vorüber – sie sehen uns immer noch als das schutzlose innere Kind, das sie vor Verletzungen von außen schützen wollen. So strengen sie sich sehr an, indem sie uns kritisieren, antreiben oder uns immer wieder sagen, dass wir nicht gut genug sind, dass wir uns mehr anstrengen sollten. Sie können nicht sehen, dass wir inzwischen nicht mehr das hilflose kleine Kind sind und über sehr viel mehr Ressourcen verfügen, um mit Schwierigkeiten fertigzuwerden.
   Wenn wir ihnen mit echtem Interesse begegnen, sind sie oft erleichtert, sobald sie etwas von dieser Anstrengung loslassen können. Und sie sind auch grundsätzlich sehr bereit, einen anderen Weg zu finden, »Ihrem Menschen« zu dienen. So kann ein innerer Kritiker zu einem guten Coach werden, ein Antreiber zu

jemandem, der uns freundlich motivieren kann, und der Perfektionist zu jemandem, der uns ermutigen möchte, unser Bestes zu tun, ohne unseren Wert vom Ergebnis unserer Bemühungen abhängig zu machen.

3. Die dritte Gruppe wird als »*Feuerbekämpfer*« bezeichnet. In gewisser Weise gehören sie auch zu den Beschützern und Wachtposten, sie sind jedoch so extrem, dass sie ebenso gut gesondert angeschaut werden können. Sie tun alles, damit wir bestimmte Gefühle (die wir in unserer Kindheit irgendwann als unerträglich empfunden haben) nicht wieder fühlen müssen. Sie bekämpfen Feuer mit Feuer oder mit einer Sturzflut. Sie reagieren impulsiv und mächtig. Ein häufiges Beispiel ist, dass wir als Eltern die Fassung verlieren, wenn wir uns ohnmächtig fühlen. Um die unerträgliche Ohnmacht nicht spüren zu müssen, kommt der

Höhlenmensch mit der Keule oder eine zornige Göttin oder Hexe mit Blitz und Feuer. Dies ist auch der Fall, wenn Menschen sich ritzen, Drogen nehmen, gewalttätig werden, psychosomatische Krankheiten oder Essstörungen entwickeln bis hin zu noch extremeren Reaktionen, wie sich selbst oder andere zu töten (etwa traumatisierte Eltern, die das Schreien kleiner Kinder nicht ertragen können und sie schütteln, bis sie tot sind). Auch die Flucht in eine Psychose kann eine Feuerbekämpferreaktion sein. Vor allem mit extremen Feuerbekämpfern zu arbeiten erfordert viel Feingefühl und Erfahrung und sollte unter Begleitung einer erfahrenen Therapeutin oder eines erfahrenen Therapeuten geschehen. Denn sie beschützen meist traumatisierte innere Teile.

4. Die sind in der vierten Gruppe der *verletzlichen oder verbannten inneren Kinder* anzutreffen. Sie tragen schmerzhafte Gefühle aus unserer Kindheit, die von unserem Bewusstsein abgespalten wurden, um nicht überwältigt zu werden. Sie können mit der Zeit extremer werden, da sie ans Licht drängen – sie wollen gesehen, entlastet und gehört werden. Sie tragen starke Gefühle wie Trauer, Wut, Angst, Scham, Einsamkeit oder Ohnmacht. Ihnen nähert man sich am besten mit professioneller Unterstützung und möglichst erst dann, wenn die Beschützer oder Feuerbekämpfer genügend Vertrauen in unser wahres Selbst haben, sodass sie den Weg frei machen, mit einem verbannten Teil Kontakt aufzunehmen.
   In diesem Buch gehen wir nicht so weit – wir gewinnen schon sehr viel an Selbstgüte und Selbstmitgefühl, wenn wir unseren inneren Garten mit echtem, warmherzigem Interesse erkunden.

Besinnungsübung: Den inneren Garten erkunden

Für diese Übung legen Sie sich am besten einen Stift und Papier bereit. Sorgen Sie dann wieder dafür, dass Sie möglichst ungestört sind. Suchen Sie sich einen Platz, an dem Sie sich wohlfühlen und sich bequem niederlassen können.

Lassen Sie sich dann wie gewohnt etwas Zeit, sich den Willkommensteppich auszurollen und, so gut es geht, bei sich selbst anzukommen. Dafür können Sie sich für ein paar Atemzüge auf den Wellen Ihrer Atmung wiegen lassen, sich eine Hand auf den Brustraum oder eine andere Stelle legen, die Ihnen guttut, oder eine andere Praxis wählen, die Ihnen hilft, bei sich selbst zu landen.

Wenn Sie spüren, dass Sie bereit und interessiert sind, vergegenwärtigen Sie sich nacheinander ein paar Ihrer typischen automatischen Reaktionen. Hier einige Ideen für Situationen, die Sie sich näher anschauen könnten:

- Konfliktsituationen mit Ihrem Partner, Ihrer Partnerin oder Ihren Kindern,
- wenn Sie öffentlich sprechen oder sich in einer größeren Gruppe äußern sollen,
- wenn Sie kritisiert werden oder sich jemand bei Ihnen oder über Sie beschwert,
- im Kontakt mit Ihren Eltern,
- im Kontakt mit Autoritäten oder Vorgesetzten,
- wenn Sie vor einer schwierigen Entscheidung stehen oder
- weitere Situationen, die Sie interessieren.

Sobald Sie ein konkretes Beispiel gefunden haben, lassen Sie sich ein wenig Zeit damit, sich noch einmal in die Situation hineinzuversetzen und sie näher in der Erinnerung zu erkunden. Was hat sie in Ihnen ausgelöst? Wie hat sich Ihr Zustand verändert? Sind bestimmte Gefühle oder Emotionen im Vordergrund? Welche Geschichte erzählen Sie sich – also welche Gedanken werden ausgelöst?

Haben Sie bestimmte Handlungsimpulse? Und was geschieht in Ihrem Körper? Wird es enger? Verspannen Sie sich? Verändern sich Ihr Atem oder Ihre Stimme?

Lassen Sie alles mit einem möglichst wohlwollenden Interesse auf sich wirken – schmecken Sie sozusagen eine solche Situation noch einmal. Es ist ähnlich wie bei einer Weinprobe: Sie brauchen nichts zu verändern und zunächst einmal auch nichts zu beurteilen. Sie leuchten mit dem Licht der Achtsamkeit in eine solche Situation hinein und schauen sich um.

Im nächsten Schritt können Sie erforschen, ob Ihre Reaktion auf diese Situation einem bestimmten Persönlichkeitsanteil zuzuordnen ist oder ob sogar mehrere Anteile geweckt wurden. Versuchen Sie, einen passenden Namen oder eine Beschreibung für jeden Zustand oder Teil zu finden, den Sie entdecken. Dies ist schon von daher sinnvoll, weil Sie dann auch im Alltag schneller herausfinden können, welcher Teil gerade am Steuer ist. So lernen Sie wichtige Insassen in Ihrem Familienbus immer besser kennen.

Machen Sie sich jeweils Notizen, und nehmen Sie sich nicht zu viel auf einmal vor. Lassen Sie sich Zeit, und bleiben Sie möglichst offen, wohlwollend und interessiert.

Eine Karte unseres inneren Gartens erstellen

Wenn Sie die Reflexion eine Weile mit verschiedenen Situationen durchgespielt haben, können Sie einen Schritt weiter gehen und eine Karte Ihres inneren Gartens erstellen. Vermutlich ist Ihnen bereits aufgefallen, dass einige Ihrer Persönlichkeitsanteile eine größere Rolle in Ihrem Leben spielen und andere vielleicht nur in bestimmten Situationen auftreten oder mehr im Hintergrund stehen. Dafür können Sie sich auch ein paar Buntstifte besorgen und eine Karte Ihres inneren Gartens zeichnen. Bitte lassen Sie dafür alle künstlerischen Ansprüche beiseite – diese Karte dient einzig und allein dem Zweck, die Auswirkungen Ihrer Persönlichkeitsanteile auf Ihr Leben besser zu sehen und sich einen Überblick zu verschaffen. Auch hier gilt: Sie müssen nichts leisten, nicht »gut« sein und vor allem – keinerlei Erwartungen erfüllen. Das Einzige, was es braucht, ist etwas spielerische Neugier und Entdeckerfreude.

Ihre Karte könnte ähnlich aussehen wie eine sogenannte Mindmap – verschieden große Kreise und gegebenenfalls bestehende Verbindungen zwischen ihnen können Sie also durch Striche veranschaulichen. Oder Sie machen einen Rahmen, der die Grenzen Ihres Gartens darstellt, und malen dann die verschiedenen Anteile hinein: Die dominanten Teile bekommen mehr Raum und sind vielleicht im zentralen Bereich, die anderen Teile mehr am Rand, und vielleicht gibt es auch eine dunkle Ecke. Die Namen der jeweiligen Aspekte schreiben Sie am besten dazu. Wie auch immer Ihre Zeichnung aussieht, ihr einziger Zweck ist wie gesagt, dass Sie einen Eindruck davon bekommen, welche Anteile in Ihrem Leben besonders viel Raum einnehmen.

Wenn Sie möchten, können Sie auch mehrere Karten zu jeweils unterschiedlichen Situationen zeichnen. In einem meiner Elternseminare war mal ein Polizeikommissar, der berichtete, dass er sich jeweils ein paar Minuten Zeit lässt, um sozusagen seine innere Kleidung zu wechseln. Er hatte gemerkt, dass es sehr ungünstige Folgen für seine Beziehung zu seiner Familie hat, wenn er als Polizist nach Hause kommt. Und wenn er als sanfter und einfühlsamer Familienvater in seinen Beruf geht, war das auch nicht gerade sinnvoll. Dieses Gewahrsein half ihm, das Steuer seines Familienbusses in der jeweiligen Situation in der Hand zu behalten und die jeweils hilfreichen Teile zu aktivieren.

Ein beeindruckendes Beispiel dafür gab eine Kursteilnehmerin in einem meiner Elternseminare. Sie hatte die Erfahrung gemacht, dass ihre unsicheren und verletzlichen Anteile sehr schnell das Steuer übernahmen, wenn sie bei ihren Eltern zu Besuch war. Irgendwann kam ihr die Idee, in solchen Situationen auf ihre Schuhe zu schauen und ihrem kindlichen Teil zu sagen: »Schau mal auf deine Schuhe! Du bist jetzt groß und nicht mehr die kleine hilflose Maria.« So stellte sie ihrem kindlichen Teil einen erwachsenen zur Seite, der ihr half, besser mit dieser Situation klarzukommen und sich zu unterstützen.

Sehr hilfreich kann es sein, wenn Sie sich nach dem Erstellen der Karte Ihres inneren Gartens mit einer guten Freundin, Ihrem Partner oder einer anderen Vertrauensperson zusammensetzen und sie fragen, ob sie das ähnlich sieht wie Sie oder ob ihr vielleicht noch andere Aspekte auffallen. Mit einigen der besonders dominanten unserer Aspekte sind wir üblicherweise so identifiziert und verschmolzen, dass wir sie nicht als Teile, sondern als »Ich« sehen. Besonders häufig sind das erwachsene innere Teile, die vernünftig sind und immer eine Erklärung parat haben. Um sie besser zu erkennen, kann eine Sicht von außen also sehr hilfreich sein. Auf diese Weise wird Ihre Karte ein immer besseres Hilfsmittel werden, sich selbst besser kennenzulernen, mehr Gewahrsein für die Dynamik Ihrer Innenwelt zu gewinnen und Ihr wahres Selbst von Ihren Teilen zu separieren.

Weitere Fragen, denen Sie bei der Erstellung Ihrer Karte nachgehen könnten, sind etwa die folgenden:

- Welche Anteile übernehmen in kritischen Situationen das Steuer? Woran können Sie diese Anteile erkennen? Sind sie mit bestimmten Gedanken, Gefühlen, Körperempfindungen oder Handlungsimpulsen verbunden?
- Welche Anteile möchten Sie besser kennenlernen oder mehr im Auge behalten?
- Welche Anteile möchten Sie stärken oder welchen mehr Raum in Ihrem Leben geben?
- Wie wirkt es sich auf Sie und auf andere Menschen aus, wenn bestimmte Anteile am Steuer sind?

Wie aus Unkraut *Heilpflanzen werden können*

In diesem Kapitel möchte ich einige Möglichkeiten vorstellen, wie Sie Ihren inneren Garten noch besser verstehen und herausfinden können, was die verschiedenen Anteile von Ihnen brauchen, um sich harmonisch einzufügen. Es geht also darum, wichtige Persönlichkeitsanteile kennenzulernen und zu integrieren. Dabei ist es sinnvoll, sich vor allem mit den Managern und Beschützern in Ihrem Familienbus zu befassen. Zuvorderst bieten sich da die kritischen, antreibenden und perfektionistischen inneren Anteile an. Sie machen es uns besonders schwer, eine warmherzigere innere Haltung uns selbst gegenüber zu entwickeln, und von daher ist es sehr zielführend, ihnen spezielle Aufmerksamkeit zu schenken.

Wie gesagt – alle Anteile möchten »ihrem« Menschen letztlich dienen, und in einer bestimmten Zeit in unserem Leben haben sie uns tatsächlich wirksam geschützt. Aber ihre Sicht ist sehr begrenzt, und so ist es sehr wahrscheinlich, dass sie uns in der Gegenwart mehr schaden als nutzen. Indem wir uns ihnen mit echtem Interesse zuwenden, können sie sich öffnen und verstehen, dass wir inzwischen nicht mehr so klein und hilflos sind, wie sie denken. Sie können Stück für Stück etwas von ihrer Anstrengung loslassen und sich eine andere, sinnvollere Aufgabe suchen. Es geht für uns also nicht darum, sie zu bekämpfen oder loszuwerden, sondern sie aus ihrer ins Extrem gesteigerten Rolle zu befreien und ihnen zu helfen, eine neue Funktion in unserem inneren Garten zu erfüllen. Sie sind demnach kein Unkraut, das ausgerissen werden sollte, sondern richtig verstanden können sie sogar eine Heilpflanze sein oder zumindest ein Gartenkraut, auf das wir immer mal wieder gern zurückgreifen.

Wenn Sie einen Persönlichkeitsanteil näher kennenlernen möchten, der Ihnen wiederholt Schwierigkeiten bereitet, schauen Sie erst einmal, ob diese Motivation wirklichem Interesse Ihrerseits entspringt und nicht doch etwa eine versteckte Absicht dahintersteckt, diesen Teil loszuwerden oder zumindest in irgendeiner Weise zu schwächen. Sie können sich fragen, was Sie diesem Teil gegenüber fühlen. Entdecken Sie dann kritische oder voreingenommene Stimmen, können Sie schauen, ob Sie sie schon auf Ihrer Liste haben, und sie gegebenenfalls hinzufügen. Angenommen, Sie möchten einen inneren Antreiber näher kennenlernen, bemerken dann aber einen anderen Teil, der mit dem Antreiber nichts zu tun haben will – das könnte beispielsweise ein »Null-Bock-Teil« sein. Dann können Sie diesen Teil bitten, etwas beiseitezutreten, damit Sie den Antreiber besser sehen können.

Teile triggern immer andere Teile – ob in uns selbst oder bei anderen Menschen. Wenn wir mit unserem inneren Garten wirklich vertraut werden möchten, ist es von daher notwendig, dass selbstnahe Qualitäten wie echtes Interesse, Offenheit und Mitgefühl anwesend sind. Ist dies der Fall, können Sie mit der Erforschung fortfahren. Die folgende kontemplative Meditation zeigt einen Weg auf, wie Sie dabei vorgehen können.

Kontemplative Meditation: Einen inneren Beschützer oder Manager kennenlernen

Rollen Sie sich zunächst wieder Ihren Willkommensteppich aus, und lassen Sie sich ein paar Atemzüge Zeit, um bei sich selbst anzukommen.

Anschließend begeben Sie sich an Ihren bevorzugten Wohlfühlort und machen es sich dort bequem, sodass in Ihrem Inneren Raum entsteht. An diesem Ort fühlen Sie sich sicher und geborgen, und von diesem Ort aus können Sie mit jedem Teil in Ihrem Familienbus Kontakt aufnehmen und ihn zu sich einladen. Wenn Sie sich beispielsweise Ihrem inneren Antreiber zuwenden wollen, können Sie diesen einladen und ihm einen Platz anbieten, der für Sie passt. Wählen Sie einen Abstand, der sich stimmig für Sie anfühlt, sodass Sie sich weiter sicher und verwurzelt und gleichzeitig offen und interessiert fühlen können.

Wenden Sie sich dann Ihrem Antreiber zu. Wie sieht er aus? Welche Gestalt hat er? Wie alt ist er? Wie sieht er die Welt, und wie sieht er Sie? Macht er sich in Ihrem Körper bemerkbar?

Wenn andere Teile auftauchen, die den Antreiber bewerten, bitten Sie diese, zur Seite zu treten, damit Sie Ihren Antreiber besser kennenlernen können.

Spüren Sie, ob etwas in Ihnen Ihrem Antreiber gegenüber offen und neugierig sein kann, und vielleicht können Sie ihn aus dieser Haltung heraus anschauen und ihm mitteilen, dass Sie jetzt da sind, dass Sie ihn sehen.

Sie wollen Ihren Antreiber besser kennenlernen – auf was sind Sie neugierig? Sie können ihn fragen, wie alt er ist und was er als seine Aufgabe ansieht. Wozu ist er da in Ihrem Leben? Und was, befürchtet er, würde geschehen, wenn er diese Funktion nicht erfüllte?

Können Sie Verständnis für ihn aufbringen? Können Sie ihm vielleicht sogar danken dafür, was er unternommen hat, um Sie zu beschützen? Sie können ihn auch selbst fragen, was er für Sie erreicht zu haben denkt, wen in Ihrem Bus er beschützen zu müssen glaubt.

Vielleicht können Sie ihm respektvoll und ohne Vorwürfe mitteilen, dass Sie sehen, wie er Sie vor etwas bewahren möchte, dass er dabei aber gleichzeitig auch Leid erzeugt und es ungemein stressig und schmerzhaft für Sie ist, immer derart angetrieben zu werden.

Sie können ihn auch fragen, ob er sich vorstellen kann, mit Ihnen zusammenzuarbeiten, um Ihren inneren Garten weiterhin zu schützen, aber ohne diese Nebenwirkungen. Fragen Sie ihn, ob er sehen kann, wie alt Sie sind, und ob er Sie überhaupt kennt, wie Sie heute sind.

Wenn er noch skeptisch ist, schauen Sie, wie Sie Vertrauen aufbauen können – ähnlich wie zu einem Menschen. Was braucht er vielleicht von Ihnen, um Ihnen zu vertrauen?

Sie können ihm auch anbieten, dass er sich bei Ihnen melden kann, wenn er das Gefühl hat, etwas laufe schief, und Sie dann gemeinsam schauen. Vielleicht können Sie die eine oder andere Vereinbarung mit ihm treffen. Wenn er die Befürchtung hat, dass er nichts mehr für Sie tun kann, wenn er in seiner bisherigen Anstrengung nachlässt, fragen Sie ihn, ob es etwas gibt, was er vielleicht lieber täte.

Sobald Sie das Gefühl haben, dass es für dieses Mal genug ist, können Sie sich noch einmal bei Ihrem Antreiber für seine Bereitschaft danken, sich zu zeigen. Spüren Sie ein weiteres Mal die Atmosphäre an Ihrem Wohlfühlort, und öffnen Sie Ihr Gewahrsein, welche Gedanken, Gefühle und Empfindungen jetzt gegenwärtig sind, und geben Sie auch anderen Teilen etwas Raum, sollten sich welche melden.

Spüren Sie abschließend wieder Ihren Körper und eventuelle Rekel- und Dehnbedürfnisse, kommen Sie diesen dann genüsslich nach, und lassen Sie sich Zeit, wieder in Ihr Alltagsbewusstsein zurückzukommen.

Lassen Sie mich zum Abschluss noch einmal die wichtigsten Schritte aufführen, die wir gehen können, wenn wir einen Persönlichkeitsanteil näher kennenlernen möchten.

Richten Sie Ihre Aufmerksamkeit mit wohlwollendem Interesse auf den Teil. Wo nehmen Sie ihn inner- oder außerhalb des Körpers wahr? Welche Gefühle, Widerstände, Ängste oder innere Haltung haben Sie ihm gegenüber?

Schauen Sie, ob Sie herausfinden können, seit wann der Teil schon in Ihrem Bus ist. Wodurch ist er so aktiv oder extrem geworden, oder warum hat er sich so versteckt? Schauen Sie, ob er Ihnen seine Geschichte erzählt, sodass Sie mehr mit ihm vertraut werden.

Erkunden Sie die Befürchtungen des Teils. Am besten so lange, bis Sie bei seiner schlimmsten Befürchtung angekommen sind. Dann können Sie auch seine gute Absicht besser sehen und ihn gegebenenfalls für seine Leistung anerkennen.

Schließlich geht es darum, sich mit ihm anzufreunden, indem Sie Verständnis für ihn aufbringen, ihm Ihr Mitgefühl zeigen, ihn anerkennen und wertschätzen. So kann er Vertrauen in Sie gewinnen, seine überkommene, ins Extrem gesteigerte Rolle mit der Zeit aufgeben und eine andere Funktion in Ihrem inneren Garten erfüllen.

Das kann er jedoch nur, wenn unser wahres Selbst die Führung übernimmt. Es ist ganz ähnlich wie im Leben mit Kindern – auch sie kooperieren am ehesten mit ihren Eltern, wenn bei diesen ihr wahres Selbst am Steuer sitzt.

Epilog:
Der blühende innere Garten

Wir brauchen nicht perfekt zu sein,
um uns in unserer Haut wohl zu fühlen, und unser Leben
muss nicht auf eine bestimmte Weise verlaufen, damit wir zufrieden
sein können … Wir können die Freude und das Leid unserer
menschlichen Existenz gleichermaßen annehmen, und indem
wir das tun, können wir unser Leben verwandeln.

Kristin Neff

Achtsamkeit, Selbstmitgefühl, Selbstgüte und Selbstliebe können Ihr Leben von Grund auf transformieren. Wenn Sie mit den Meditationen und Reflexionen in diesem Buch schon Erfahrungen gesammelt haben,

haben Sie vermutlich auch schon einen Geschmack davon bekommen, wohin die Reise gehen könnte. Sie dürften zumindest eine Ahnung bekommen haben, wie es sich anfühlt, wenn Sie in Kontakt mit dem goldenen Buddha unter der Tonschicht Ihrer Persönlichkeitsanteile kommen, wenn die Qualitäten Ihres wahren Selbst zu wachsen beginnen und Sie leichter in den empfänglichen Modus kommen und länger in ihm verweilen können.

Natürlich kann das nur ein Anfang sein – aber vielleicht sind Sie sich auch der Instanz bewusster geworden, die ich »den inneren Kompass« nenne. Das innere Gespür, wo es Sie hinzieht, wie Sie weiter gehen wollen. Dafür gibt es zahlreiche Möglichkeiten, und einige sind im Anhang (»Zum Weiterlesen« und dort auch bei den weiterführenden Links) aufgeführt. Wenn Sie offen und neugierig bleiben, wird sich Ihr ganz persönlicher Weg immer deutlicher zeigen.

Wenn Ihr wahres Selbst immer mehr die Führung übernimmt und seine Qualitäten in Ihrem inneren Garten zu blühen beginnen, hat das eine ganze Reihe heilsamer Wirkungen zur Folge.

In dem Maße, wie Sie sich Ihres grundlegenden Gutseins bewusst werden, können Sie sich und Ihre Qualitäten mehr und mehr anerkennen und wertschätzen. Sie wissen mit unerschütterlicher Gewissheit, dass Sie ein wertvoller Mensch sind und nicht erst etwas leisten oder erreichen müssen, um wertgeschätzt zu werden. Es geht nicht so sehr um äußere Dinge wie Erfolg, Schönheit oder Perfektion irgendeiner Art. Sie lernen sich anzunehmen, so wie Sie sind – Ihre Schwächen, Fehler und Unvollkommenheiten eingeschlossen. Sie sind sich Ihrer Defizite durchaus bewusst – schließlich geht es nicht darum, alles schönzureden. Sie wissen, dass Sie Entwicklungspotenzial haben; und da Sie

sich für Ihre Unvollkommenheiten nicht mehr fertigmachen, finden Sie den Mut und das Vertrauen, Ihren Schwächen ins Auge zu sehen und sich den Teilen zuzuwenden, die noch integriert werden wollen.

Darüber hinaus verlagern Sie Ihren Bewertungsmaßstab zunehmend von außen nach innen. Sie entscheiden selbst, was Ihnen wirklich wichtig ist im Leben und wie Sie leben wollen, und werden weniger abhängig von der Meinung und den Ansichten anderer. Sie können sich diese Meinungen oder auch Kritik anhören, entscheiden dann aber selbst, was davon Sie annehmen.

Sie werden ausgeglichener und kümmern sich mehr um Ihren inneren Garten – um Ihre Bedürfnisse – und werden gleichzeitig feinfühliger und mitfühlender, was Ihre Mitmenschen betrifft. Wenn Sie doch mal aus dem Lot geraten oder etwas tun, was Ihnen oder anderen schadet, verurteilen Sie sich nicht dafür, sondern können sich verzeihen und gegebenenfalls andere Menschen um Verzeihung bitten. Sie wissen, dass Sie kein schlechter Mensch sind, sondern einen Fehler gemacht haben, und tun Ihr Bestes, dies wiedergutzumachen und sich neu zu verbinden.

Je mehr sich die Blüten und Früchte Ihres wahren Selbst in Ihrem inneren Garten zeigen, desto mehr werden Sie unabhängig von äußeren Umständen im Einklang mit sich sein, was unter anderem zu einem tiefen Gefühl der bedingungslosen Zufriedenheit und des Wohlbefindens führt. Diese Reise ist sicher nicht immer leicht, doch was gibt es Lohnenderes, als wirklich unser Leben zu leben und unsere schlummernden Qualitäten zum Blühen zu bringen?

ANHANG

Wohlwollende Briefe *an sich selbst*

In schwierigen Zeiten geschieht es leicht, dass wir keinen Zugang zu der wohlwollenden Instanz in unserem Inneren haben. Wir mögen vom Kopf her wissen, dass uns das helfen würde, besser durch die aktuellen Schwierigkeiten zu kommen, aber wir sind einfach abgeschnitten von dieser unterstützenden Qualität. Was sich in solchen Zeiten besonders bewährt hat, sind wohlwollende und mitfühlende Briefe an uns selbst, die wir für bestimmte Situationen oder Stimmungslagen im Voraus verfasst haben und auf die wir dann zurückgreifen können.

Es empfiehlt sich sehr, diese Briefe zu schreiben, wenn wir weitestgehend ausgeglichen sind und tatsächlich Zugang haben zu der wohlwollenden Instanz in uns selbst – zu den Qualitäten unseres wahren Selbst. Vielleicht lassen Sie sich etwas Zeit und praktizieren eine Weile die kontemplative Meditation »Freundlichkeit mit sich selbst kultivieren (Metta-Meditation)« (siehe Seite 95), bevor Sie einen solchen Brief

schreiben. Spätestens wenn Sie den Brief lesen, werden Sie wissen, ob er in dieser Form für Sie passt oder ob Sie für die Zukunft doch noch etwas ändern möchten.

Wie der Brief oder die Briefe konkret aussehen, können Sie selbst am besten herausfinden, wenn Sie sich fragen, was Sie in solchen Zeiten brauchen – was Sie sich von einem wohlwollenden Menschen als Zuspruch wünschen würden.

Es kann ein ganz allgemeiner Brief sein, aus dem deutlich wird, dass Sie es gut mit sich meinen, der keine versteckte Kritik enthält, sondern der Ihnen vermittelt, dass Sie gesehen, gehört und verstanden werden und dass Sie mit all Ihren kleinen und großen Schwächen so angenommen werden, wie Sie sind.

Mit ein wenig Erfahrung können Sie auch wohlwollende Briefe für bestimmte wiederkehrende Situationen schreiben. Wenn Sie sich nicht verstanden fühlen, wenn Sie ängstlich, niedergeschlagen oder einsam sind.

Mit der Zeit haben Sie vielleicht eine Auswahl solcher Briefe angesammelt, sodass Sie für verschiedene Ausgangslagen je eine passende Möglichkeit haben, Ihre wohlwollende innere Stimme wiederzufinden und zu nähren.

Verzeichnis der Übungen, *Reflexionen und Meditationen*

Zum *Weiterlesen*

Brown, Brené: *Die Gaben der Unvollkommenheit. Lass los, was du glaubst, sein zu müssen und umarme, was du bist. Leben aus vollem Herzen*, Kamphausen, Bielefeld 2012

–, *Verletzlichkeit macht stark. Wie wir unsere Schutzmechanismen aufgeben und innerlich reich werden*, Kailash, München 2012

Coleman, Mark: *Schließe Frieden mit dir selbst. Wie wir uns mit Achtsamkeit und Mitgefühl vom inneren Kritiker befreien können*, Arbor, Freiburg 2018

Earley, Jay: *Meine innere Welt verstehen. Selbsttherapie mit Persönlichkeitsanteilen*, Kösel, München 2014

Germer, Christopher: *Der achtsame Weg zum Selbstmitgefühl. Wie man sich von destruktiven Gedanken und Gefühlen befreit*, Arbor, Freiburg 2015

Gilbert, Paul, und Choden: *Achtsames Mitgefühl. Ein kraftvoller Weg, das Leben zu verwandeln*, Arbor, Freiburg 2014

Kabat-Zinn, Jon: *Achtsamkeit für Anfänger*, Arbor, Freiburg 2013

Montessori, Maria: *Kinder sind anders. Kinder fordern uns heraus*, Klett-Cotta, Stuttgart, 20. Aufl. 2018

Neff, Kristin: *Selbstmitgefühl – Schritt für Schritt*, Arbor, Freiburg 2014

–, *Selbstmitgefühl. Wie wir uns mit unseren Schwächen versöhnen und uns selbst der beste Freund werden*, Kailash, München 2012

Stiegler, Richard: *Im Einklang leben. Spirituelle Grundhaltungen und Alltag*, Arbor, Freiburg 2017

Tart, Charles T.: *Hellwach und bewußt leben. Wege zur Entfaltung des menschlichen Potentials*, Arbor, Freiamt 1995

Valentin, Lienhard, und Petra Kunze: *Die Kunst, gelassen zu erziehen. Achtsamkeit im Leben mit Kindern*, Arbor, Freiburg 2015

Weiterführende *Links*

www.lienhard-valentin.de
www.arbor-seminare.de
www.arbor-online-center.de
www.centerformsc.org (englischsprachig)

Anmerkungen

S. 12: Shunryu Suzuki: *Zen-Geist Anfänger-Geist*, Theseus in Kamphausen Media GmbH, Bielefeld 2016 (ISBN: 9783958831483).

S. 19: Maria Montessori: *Kinder sind anders.* Aus d. Ital. v, Percy Eckstein/ Ulrich Weber. Bearb. v. Helene Helming. Mit einem Vorwort von Professor Dr. Ingeborg Waldschmidt. Klett-Cotta, Stuttgart 1952/2009.

S. 20: Charles T. Tart: *Hellwach und bewußt leben. Wege zur Entfaltung des menschlichen Potentials*, Arbor, Freiamt 1995.

S. 25: Khalil Gibran: *Der Prophet/Im Garten des Propheten*, Goldmann Arkana, München 2002, S. 29.

S. 31: Johann Wolfgang von Goethe: *Wilhelm Meisters Wanderjahre*, Cotta, Stuttgart und Tübingen, 1821/29, 4. Kapitel, zitiert nach http://gutenberg.spiegel.de/buch/wilhelm-meisters-wanderjahre-3679/4, abgerufen am 28.2.2019.

S. 34: William Wordsworth: *Ode – Intimations of Immortality from Recollections of early Childhood.*

S. 40: Vgl. Arthur Koestler: *Der Mensch: Irrläufer der Evolution. Die Kluft zwischen Denken und Handeln*, Goldmann, München 1981.

S. 54: Arnold R. Beisser: »Gestalttherapie und das Paradox der Veränderung«, *Gestaltkritik* 1/1998, http://www.gestalt.de/beisser_paradox.html, abgerufen am 18.2.2019.

S. 55: Zitiert nach https://de.wikipedia.org/wiki/Gelassenheitsgebet, abgerufen am 18.2.2019.

S. 56: Mark Coleman: *Schließe Frieden mit dir selbst. Wie wir uns mit Achtsamkeit und Mitgefühl vom inneren Kritiker befreien können*, Arbor, Freiburg 2018.

S. 57: Jennifer Welwood: »Unconditional«, 2019, www.jenniferwelwood.com, abgerufen am 27.2.2019.

S. 59: Pema Chödrön: *Die Weisheit der Ausweglosigkeit. Die Illusion der Sicherheit und der Weg der Meditation – 108 Unterweisungen*, Arbor, Freiburg 2012.

S. 60: Bob Sharples: *Meditation and Relaxation in Plain English*, Wisdom, Somerville, USA, 2006.

S. 75: Robert Gonzales: *Ein Leben in Mitgefühl. Inspirationen für eine tiefe innere Verbundenheit und Erfüllung*, Arbor, Freiburg 2016.

S. 81: Christopher Germer: *Der achtsame Weg zum Selbstmitgefühl. Wie man sich von destruktiven Gedanken und Gefühlen befreit*, Arbor, Freiburg 2015.

S. 87: Zitiert nach Rick Hanson: *Das resiliente Gehirn. Wie wir zu unerschütterlicher Gelassenheit, innerer Stärke und Glück finden können*, Arbor, Freiburg 2019.

S. 90: Frei zitiert aus einem Vortrag, entnommen aus dem MSC-Teacher-Guide.

S. 92: Brené Brown: *Die Gaben der Unvollkommenheit. Leben aus vollem Herzen. Lass los, was du glaubst, sein zu müssen und umarme, was du bist,* J. Kamphausen in Kamphausen Media GmbH, Bielefeld 2012 (ISBN: 9783899015386).

S. 98: Dschalal ad-Din Rumi, zum Beispiel www.pinterest.de/pin/686306430685648456.

S. 124: Richard Stiegler: *Im Einklang leben. Spirituelle Grundhaltungen und Alltag*, Arbor, Freiburg 2017.

S. 128: Chödrön, a. a. O.

S. 136: Thomas Merton: *Sich für die Welt entscheiden*, Arbor, Freiamt 2009.

S. 140: Nach einer Vorlage von Dr. Dan Siegel: »Wheel of Awareness«, © 2007, 2014 Mind Your Brain, Inc., https://www.drdansiegel.com/resources/wheel_of_awareness, abgerufen am 1.3.2019.

S. 143: Rainer Maria Rilke: *Briefe an einen jungen Dichter*, Insel, Leipzig 1929.

S. 160 Kristin Neff: *Selbstmitgefühl. Wie wir uns mit unseren Schwächen versöhnen und uns selbst der beste Freund werden*, Kailash, München 2012.

Über den *Autor*

Lienhard Valentin ist Achtsamkeitslehrer, Gestaltpädagoge, Buchautor und Verleger. Sein Schwerpunkt liegt in der Integration von Achtsamkeit und Mitgefühl ins tägliche Leben. Er arbeitet seit vielen Jahren mit Jon Kabat-Zinn, Christopher Germer, Kristin Neff, Rick Hanson und anderen führenden Vertretern aus dem Bereich Achtsamkeit und Meditation zusammen. Der Autor lebt mit seiner Familie in Freiburg und Vorarlberg.

1. Auflage
Deutsche Erstausgabe

in der Verlagsgruppe Random House GmbH
Neumarkter Str. 28, 81673 München
Lektorat: Ralf Lay
Umschlaggestaltung: ki 36, Sabine Krohberger Editorial Design, München
Bildredaktion: Anka Hartenstein
Cover U1: Blumen: © shutterstock/momojung
Illustrationen: 37 u. 140: Sabine Timmann
Hintergründe/Icons: shutterstock/momojung, shutterstock/Macrovector, shutterstock/Macrovector
Fotos: *Adobe Stock:* 11 (Laura Pashkevich), 29 (Visions-AD), 54 (tawatchai1990), 70 (Michael Jätschick), 76 (TOMO), 84 (nataba), 106 (faula), 120 (Givaga), 125 (Repina Valeriya), 133 (Laura Pashkevich), 142 (Creaturart), 146 (Laura Pashkevich), 158 (Romaniia), 165 (Tetiana); *Istock:* 8 (Rike_), 15 (hien_tran_92), 16 (Sergey Sidorov), 18 (Pramote2015), 20 (piskunov), 22 (real444), 24 (Patrick Daxenbichler), 27 (LordRunar), 32 (Eerik), 34 (Creativeye99), 38 (pigphoto), 50 (fcscafeine), 56 (Smithore), 61 (borchee), 62 (FatCamera), 67 (Tzido), 73 (dmitriko), 78 (Mallivan), 83 (borchee), 91 (Gfed), 93 (KristinaJovanovic), 96 (altmodern), 100 (IGraDesign), 103 (debibishop), 108 (BIHAIBO), 110 (momnoi), 117 (JimmyR), 118 (Suthat_Chaitaweesap), 126 (vicuschka), 130 (kamisoka), 162 (4X-image); *Limbrunner, Anja:* 173; *shutterstock:* 41 (Kati Finell), 46 (Lori Martin);
Satz: Satzwerk Huber, Germering
Druck und Bindung: Print Consult, München
Printed in Slovak Republic
ISBN 978-3-424-63177-7-7
www.kailash-verlag.de

Mein Hund, der Buddha und ich

232 Seiten. ISBN 978-3-424-63112-8

Bobba ist auf den ersten Blick der gewöhnlichste Hund, den man sich vorstellen kann. Und doch ist er ein waschechter Zen-Meister, der seinem »Herrchen« 14 Jahre lang jeden Tag eine sehr weise und einfache Lebenskunst vorlebt. Eine liebenswerte und zauberhaft illustrierte Einführung in die Lehre des Buddha.

»Dieser Hund hat meisterlichen Stil!«
Buddhismus aktuell

kailash

Überall, wo es Bücher gibt, und unter www.kailash-verlag.de